Stefan Lämmer

Gottes Güte trägt

Stefan Lämmer

Gottes Güte trägt

Fromm Verlag

Impressum/Imprint (nur für Deutschland/ only for Germany)
Bibliografische Information der Deutschen Nationalbibliothek: Die Deutsche Nationalbibliothek verzeichnet diese Publikation in der Deutschen Nationalbibliografie; detaillierte bibliografische Daten sind im Internet über http://dnb.d-nb.de abrufbar.

Coverbild: www.ingimage.com

Contact:
International Book Market Service Ltd., 17 Rue Meldrum, Beau Bassin, 1713-01 Mauritius
Website: www.bookmarketservice.com
Email: info@bookmarketservice.com

Gedruckt in: USA, UK, Deutschland. Dieses Buch wurde nicht in Mauritius produziert.

Imprint (only for USA, GB)
Bibliographic information published by the Deutsche Nationalbibliothek: The Deutsche Nationalbibliothek lists this publication in the Deutsche Nationalbibliografie; detailed bibliographic data are available in the Internet at http://dnb.d-nb.de.

Cover image: www.ingimage.com

Contact:
International Book Market Service Ltd., 17 Rue Meldrum, Beau Bassin, 1713-01 Mauritius
Website: www.bookmarketservice.com
Email: info@bookmarketservice.com

Printed in: U.S.A., U.K., Germany. This book was not produced in Mauritius.

ISBN: 978-3-8416-0110-0

Stefan Lämmer

Gottes Güte trägt

Fromm Verlag - Saarbrücken

2011

Für Dorothee Margarete Hatwig

geb. Lämmer

(11.6.1982 – 6.6.2011)

Inhalt

Zum Geleit

Mit Geschichten aus dem alltäglichen Leben oder der Vita bekannter Christenmenschen, manchmal auch mit einem kleinen Scherz sucht Stefan Lämmer, der erfahrene Prediger, zu Beginn seiner Predigten die Aufmerksamkeit seiner Zuhörerinnen und Zuhörer zu wecken. Vermutlich waren und sind die Gottesdienstbesucherinnen und -besucher in den Kirchengemeinden Schönaich, Gniebel und Rübgarten sowie seit 2009 in Öschingen jedes Mal gespannt, wie die Predigt eröffnet, aber auch, wie sie beendet wird.

Durch das „mundlich Wort" der Predigt solle das Evangelium zu allererst die Herzen der Menschen erreichen. So formuliert es Martin Luther in den Schmalkaldischen Artikeln (1536) an zentraler Stelle (III,4). Nicht nur um allerlei „Rat und Hilfe", nicht um erbauliche Heiligengeschichten und erschreckende Schilderungen der Höllenqualen gehe es, sondern eigentlich *(proprium officium)* um den Zuspruch der Vergebung, um den Zuspruch der Rechtfertigung allein aus Gnade. Damit diese gute Botschaft die Menschen erreicht, braucht es nach Überzeugung des wortgewaltigen Wittenberger Reformators das mündliche Wort der Predigt, das das Wort Gottes und die Welt der Menschen miteinander verspricht.

Das ist auch das Anliegen des württembergischen Gemeindepfarrers, wenn er in diesem Predigtband von Lebensbildern erzählt und auf Lebensfragen eingeht, die (nicht nur) Christenmenschen umtreiben. Dabei fließen auch eigene Lebenserfahrungen ein, ermutigend und nachdenklich. Oft wartet man gespannt bis zum Ende einer Predigt darauf, wie die angefangene Geschichte ausgeht.

Wichtiger als die Lebenserfahrungen sind dem Öschinger Pfarrer aber offensichtlich die klaren Aussagen der biblischen Botschaften. In einfachen, klaren Sätzen bündelt Stefan Lämmer sein Verständnis der biblischen Botschaft. Diese Zusammenfassungen am Ende einer Predigt können so zur Gedächtnisstütze werden, - für den Sonntag und für die kommende Arbeitswoche.

Mit Verweisen auf andere Bibelstellen werden die zentralen Glaubensaussagen des Predigttextes in gesamtbiblische Zusammenhänge eingebunden und noch einmal beleuchtet. Manchmal hilft auch ein bekannter Gesangbuchvers zur Vertiefung der biblischen Einsichten. Gut reformatorisch wird mitunter der einzelne Text in das Gesamtzeugnis der Heiligen Schrift eingebunden.

Für das bessere Verstehen hilft im Übrigen die Angabe einer klaren Gliederung – oft im klassischen Dreischritt - dem Hörer und der Leserin sich zurechtzufinden. Man kann so gut nachvollziehen, an welcher Stelle des Gedankengangs sich der Prediger gerade befindet. Oder die Hörerin kann wieder in den Verlauf der Predigt hineinfinden, wenn die Gedanken auf eigene Wege abgewandert sind.

Ich wünsche den Leserinnen und Lesern des „mundlichen Worts“ der Predigten, dass die Botschaft des Evangeliums Herzen erreicht, Menschen bereichert und neue Wege in der Nachfolge aufzeigt. In einem Brief an Georg Kunzelt schreibt Martin Luther am 15. Juni 1520: „Am Ende spreche ich: »Davon ist genug« oder: »ein andermal mehr« oder »das sei davon gesagt, wir wollen Gott anrufen um seine Gnade, dass wir das tun mögen« oder auch so: »Das helfe uns Gott«.“

So kann und muss nicht jede Predigt alles abdecken. Die vorgelegte Predigtsammlung spannt einen Bogen, in dem das ein- oder andermal genügend Raum bekommt und Luthers Bitte gleichsam zur Segensbitte um Trost, Hilfe und Anregung für alle Leserinnen und Leser des Predigtbüchleins werden möge: »Das helfe uns Gott«.

Reutlingen, den 15.7.2011 Prälat Dr. Christian Rose

Vorwort

Als Jugendlicher besuchte ich den Konfirmationsgottesdienst eines Sportkameraden. Die Predigt sprach mich an, obwohl ich in keiner kirchlichen Familie aufgewachsen bin. Die Ansprache versprach mir die Liebe Gottes. Seine Zuwendung gilt, selbst wenn Menschen sich von mir abwenden. Zum ersten Mal verstand ich: Gottes Güte trägt mich.

Als Gemeindepfarrer mühe ich mich um spannende Predigten, die das Leben eines Christenmenschen mit einem Bibeltext verbinden. Zuerst erzählen sie nur einen Teil. Erst deuten sie nur an, bevor sie das Ganze deuten. Sie wollen das Bibelwort mit dem täglichen Leben verbinden.

Als Pfarrer bemühe ich mich, Bilder aus dem Bereich der Kunst aufzunehmen. Sie sollen aufzeigen, dass die grundlegenden Fragen nach Sinn und Hoffnung viele Menschen beschäftigen. Die Grundfragen des Lebens drängen nach tragfähigen Antworten.

Als Theologe gebe ich mir Mühe, biblische Orientierung zu vermitteln. Was heißt es, an den dreieinigen Gott zu glauben? Welche Bedeutung besitzt das alttestamentliche Gebot für uns Christen? Worin bestand das Befreiende der Reformation?

Oft sind es die lobenden und kritischen Rückmeldungen, die das alltägliche Predigtgeschäft befruchten. Unsere Kinder gehören oft zu den aufmerksamen Predigthörern. Es ermutigt, wenn sie neben ihren Verbesserungsvorschlägen auch anerkennende Worte finden.

Umso schmerzlicher war es, dass unsere älteste Tochter Dorothee bei einem Tauchunfall ums Leben kam. Am Sonntag zuvor hat sie noch am Taufgottesdienst ihres Neffen mitgewirkt. Ihr ist dieses Buch in dankbarer Erinnerung an eine fröhliche Christin gewidmet.

Es ist eine lohnende Aufgabe, immer wieder neu das Evangelium in unsere Zeit zu übersetzen. Es bleibt eine Hauptaufgabe für alle, die im Verkündigungsdienst stehen, nach ansprechenden Formen zu suchen. Als Beitrag zu einer solchen Suche soll diese Predigtsammlung dienen.

Ein solcher Predigtband entsteht als ein Werk von vielen, denen mein Dank gilt. Mein erster Dank gilt dem Fromm Verlag, der die Veröffentlichung angeregt hat. Ich danke besonders Frau Dr. Kerstin Lagler, die mit großer Gründlichkeit Korrektur gelesen hat. Ich bedanke mich bei meiner Kirchengemeinde Öschingen, die mich durch ihren zahlreichen Gottesdienstbesuch und ihre konstruktiven Rückmeldungen in der Predigtarbeit ermutigt.

Öschingen, im Juli 2011 Stefan Lämmer

Drei Ratschläge zum Predigtlesen

1. Reservieren Sie eine ruhige Zeit zum Predigtlesen.
2. Lesen Sie immer nur eine Predigt.
3. Unterstreichen Sie Sätze, die Ihnen wichtig erscheinen.

MARC
Chagall

Auf Gottes Segen kommt es an

4. Mose 6, 22 – 27

Liebe Gemeinde

Diese Zeichnung von Marc Chagall hebt den siebenarmigen Leuchter durch seine Größe hervor. Der Leuchter kann nicht einmal mit seinen sieben Armen ganz dargestellt werden. Die beiden unteren Arme muss sich der Betrachter selbst denken. Der symbolische Wert des Leuchters kann für die Juden kaum überschätzt werden. Der Leuchter neigt sich der Person zu, die sich wie ein Halbbogen dem Leuchter zuwendet. Leuchter und Person sind aufeinander bezogen, wie Chagall sonst zwei Liebende darstellt. Nach Chagalls Auskunft stellt diese Person Moses Bruder Aaron dar. Der Hohepriester Aaron hat seine linke Hand an den Fuß des Leuchters gelegt. Ihm ist dieses Licht wichtig. Von dem Licht heißt es im Neuen Testament (1. Tim 6,16): "Gott wohnt in einem Licht." Aaron hat sich Gott zugewandt. Seine Rechte liegt auf der linken Brust. Er nimmt sich das göttliche Licht zu Herzen. Zwei Welten werden hier zu einer Einheit. Die Welt Gottes und die Welt meines Herzens; die Wirklichkeit der segnenden Zusage Gottes und die Wirklichkeit meines zwielichtigen Lebens. Und die wirkliche Welt des Aaron sah nicht so ideal aus, wie es das Bild zeigt. Mehr als nur einmal hat die Hand Aarons den Leuchter losgelassen. Ich erinnere nur an ein Beispiel, als Aaron den Weg Gottes verlassen hat. Als Mose längere Zeit auf dem Berg war, sammelte Aaron vom Volk Gold und formte daraus ein goldenes Kalb. Chagall zeichnet hier nicht den gefallenen Aaron, sondern den Hohepriester, der sich dem göttlichen Licht neu zugewendet hat. Die Körperneigung des Aaron findet sich wiederholt, wenn Chagall Juden mit ihrer hochgeschätzten Torarolle darstellt. Doch es fällt mir auf, dass Aaron nicht nur dem Leuchter zugewandt ist, sondern auch dem Betrachter. Das linke Auge sieht mich an. Chagall bezieht uns in das Bild ein. Es will beachtet sein, dass Aarons Mund geöffnet ist. Aaron versteht es, die priesterliche Haltung zu leben. Er lebt einerseits seinen Bezug

zu Gott, und andererseits bleibt er den Menschen zugewandt. Genau darin besteht Aarons größte Aufgabe. Er soll den Segen Gottes, den er selbst empfangen hat, weitergeben. Davon berichtet uns das 4. Mosebuch. Dort heißt es:
„Und der Herr redete mit Mose und sprach: Sage Aaron und seinen Söhnen und sprich: So sollt ihr sagen zu den Kindern Israel, wenn ihr sie segnet: Der Herr segne dich und behüte dich;
der Herr lasse sein Angesicht leuchten über dir und sei dir gnädig;   der Herr hebe sein Angesicht über dich und gebe dir Frieden. Denn ihr sollt meinen Namen auf die Kinder Israel legen, dass ich sie segne.“
Liebe Gemeinde!
Viele Eltern bringen ihre Kinder zur Taufe in der Erwartung, dass Gott die Kleinen segnet. Viele besuchen den Gottesdienst in der Hoffnung, dass Gott uns trotz unseres Versagens seinen Segen schenkt. Denn Gottes Segen ist wichtiger als Erfolg. Gottes Segen ist wichtiger als der kurzlebige Ruhm.
Ursprünglich gehörte der Segen in das familiäre Leben. Als der Sohn in die Fremde zog, um sein Brot zu verdienen, wurde er zum Abschied gesegnet. Auch beim endgültigen Abschied, beim Sterben wurden Segensworte gesprochen. Eindrücklich wird uns dieser Lebensbezug beim sterbenden Jakob geschildert. Dem vielbeschäftigten Josef wurde berichtet: „Siehe, dein Vater Jakob ist krank.” Da nahm Josef seine beiden Söhne und ging zu dem kranken Vater. Jakob nahm seine Kräfte zusammen. Zu seinem Sohn Josef sagte er: „Bringe mir die Enkel, dass ich sie segne”. Jakob küsste sie und umarmte sie. Dann streckte er die Hände aus und legte sie den Enkelkindern auf das Haupt. Und er segnete auch Josef und sprach: „Gott, vor dem meine Väter Abraham und Isaak gewandelt sind - Gott, der mein Hirte war, mein Leben lang bis auf diesen Tag - der Engel, der mich von allem Übel erlöst hat, der segne die Knaben, dass durch sie mein und meiner Väter Abraham und Isaak Name fortlebe, dass sie wachsen und viel werden auf Erden. So segnete sie Jakob an jenem Tag. ... Dann sprach er zu Josef: Siehe ich werde nun sterben, aber Gott wird

mit euch sein ...” Der betagte Jakob merkte, dass seine Kräfte schwinden, aber seine Lebenskraft soll nicht einfach aufhören. Seine innere Verbindung zu Gott soll übergehen auf seine Nachkommen.

Vielleicht denkt jetzt die eine oder der andere: Naja, das war früher so. Damals lebte man in einer religiösen Zeit. Damals wusste man weniger als heute, also musste man vieles mit Gott erklären. Heute können wir gut leben, selbst wenn wir uns kaum um Gott kümmern. In unserer Region mag das in wirtschaftlicher Hinsicht oft zutreffen, aber schon im familiären Bereich sieht die Wirklichkeit anders aus. Und ich frage mich: War Jakob wirklich so viel religiöser als wir? Viele Jahre lebte Jakob so, als ob es keinen Gott gäbe. Viele Jahre bestimmte die Trauer sein Leben. Er glaubte der Falschmeldung, die ihm mitteilte: „Dein Sohn Josef ist von einem wilden Tier getötet worden.”

Er flüchtete sich ins Selbstmitleid. Doch das Selbstmitleid zieht nach unten. Es raubt uns die Lebenskraft. Und wie oft gleiche ich dem Jakob. Ich meine, dass mir Unrecht geschieht, und ziehe mich zurück. Der Rückzug kann für kurze Zeit sinnvoll sein. Der innere Rückzug hat in Zeiten der Trauer seine Bedeutung. Wo ich aber beleidigt in meinem inneren Rückzug verharre, beraube ich mich selbst. Ich raube mir selbst Gottes Segen. Und bei Jakob sehen wir, wie negative Einreden den Segen behindern. Aus einzelnen enttäuschenden Ereignissen wird vorschnell eine Regel erstellt. Als seine Söhne von der ersten Reise aus Ägypten zurückkehren, berichten sie ihrem Vater: “Ohne Benjamin dürfen wir kein Getreide mehr in Ägypten kaufen.” Da entgegnet ihnen der Vater: “Ihr beraubt mich meiner Kinder.” Da muss ich mir selbst die Frage stellen: Leite ich vorschnell von einer negativen Erfahrung eine Regel ab? Flüchte ich mich in lähmende Einreden oder wage ich, mit dem Wort Gottes zu meinem eigenen Segen zu widersprechen? Weiter bemerkt Jakob kaum, dass er selbst seinen Beitrag zu der Misere verschuldet hat. Jakob merkt nicht, dass er seinen Sohn Josef bevorzugt und so den Neid der Brüder mitverursacht hat. Unbewusst und mit bestem Gewissen übersehe ich oft mein eigenes Fehlverhalten, aber den Fehler des anderen sehe ich wie unter einem Vergrößerungsglas. Da möchte ich neu lernen, mein eigenes Verhalten selbstkritisch zu bedenken und Gottes Segen neu zu suchen. Denn Gott will uns seinen Segen schenken. Genauso hat Gott Jakob zum Segen zurückfinden lassen. Bei Jakob sehen wir: Segnen geschieht mit Worten und mit einem Zeichen. Ganz ähnlich lesen wir im Neuen Testament. Als man Kinder zu Jesus brachte, herzte er sie, legte die Hände auf sie und segnete sie. Handgreiflich spürten die Kinder Gottes Liebe. Und als Jesus von seinem Jüngerkreis Abschied nahm, erhob er seine Hände und segnete sie. Dieses Zeichen vermittelt Gottes Zuwendung. Diese Worte übermitteln Zuversicht auf Gottes Hilfe.

Und es segnet uns nicht irgendein kirchlicher Würdenträger, sondern der dreieinige Gott. Es war Martin Luther, der den Segen als Abschluss des Gottesdienstes einführte. Es war Martin Luther, der den Wortlaut des aaronitischen Segens vom dreieinigen Gott her auslegte. Denn der grundlegende Satz zu Beginn „Der Herr segne dich" wird in drei Aussagen entfaltet: „Er behüte dich." „Er sei dir gnädig." „Er gebe dir Frieden." Der dreieinige Gott segnet also, indem er als Schöpfer Schutz gewährt, als Erlöser Gnade erweist und als Tröster Frieden stiftet. Gott der Schöpfer will trotz aller Bedrohung unserer Welt, trotz aller Klimaveränderung seine Schöpfung bewahren. Darum singen wir (EG 326,3): „Was unser Gott geschaffen hat, das will er auch erhalten". Und Gott der Erlöser erweist seine Gnade, indem er trotz unserer Schuld immer wieder auf uns zugeht. Gott schenkt uns seine Vergebung, so dass wir unbelastet in die Zukunft gehen können. Liebe Gemeinde! Wie oft leide ich an mir selbst. Da fahre ich zwar in den Urlaub. Ich genieße eine andere Umgebung, aber ich nehme mich fehlerhaften Menschen mit. Ich bleibe ohne Vergebung der Alte. Doch nun schenkt Gott seine Gnade. Nun gewährt Gott uns seine Vergebung, so dass die alten Geschichten wirklich begraben sind. Diese Gnade befreit. Sie öffnet mir eine neue Tür.

Und weil Gott uns gnädig zugewandt ist, kann der Friede Gottes uns trösten. Weil Gott uns seine Gnade schenkt, können wir innerlich aufatmen und zufrieden sein.

Weil Gnade und Friede zusammengehören, beginnt Paulus immer wieder seine Briefe mit der Formulierung: „Gnade sei mit euch und Friede von Gott" ... Vielleicht möchten Sie nun fragen: Wenn es in der Bibel heißt: „Der Herr segne dich und behüte dich", warum sagen viele Pfarrer: „Der Herr segne euch und behüte euch"? Die Antwort finden wir, wenn wir auf den Zusammenhang des Bibeltextes achten. Ausdrücklich lautet Gottes Auftrag: „So sollt ihr sagen zu den Israeliten." Hier wird deutlich: Der Segen wird dem ganzen Volk zugesprochen. Wenn der Bibeltext nun in der Einzahl formuliert, will er unterstreichen, dass sich jede Person einzeln angesprochen fühlen soll. Gottes Segen wird uns persönlich als Einzelnen versprochen und gleichzeitig erleben wir den Segen in einer konkreten Gemeinschaft. Gerade in der gottesdienstlichen Gemeinschaft erlebe ich: Gott ermutigt mich und segnet mich.

Denn wir sollen wie Aaron leben. Wir sollen dem göttlichen Licht und dem Nächsten zugewandt leben. Denn Gottes Segen will mit uns gehen wie ein Licht in der Finsternis. Gottes Segen will uns die Augen öffnen für das Wesentliche, so dass wir im Frieden miteinander leben. Amen.

Der dreieinige Gott ruft und beruft

Jesaja 6, 1 – 9a

Liebe Gemeinde!

Manchmal werde ich gefragt: Warum sind Sie Pfarrer geworden? Wenn ich ehrlich bin, muss ich zugeben: Es war ein langer Weg. Ich bin in einer unkirchlichen Familie aufgewachsen. Die Kirche galt als veraltet. Ohne Bedeutung für die Gegenwart. Doch eine fromme Klassenkameradin, die ich oft gehänselt habe, hat mir dennoch vor Klassenarbeiten ihr gut geführtes Heft ausgeliehen. Damit konnte ich meine Lücken schließen und gut lernen. Heute ist sie auch Pfarrerin und hat vor zwei Wochen hier gepredigt. Durch Maike Sachs habe ich in den Schülerbibelkreis gefunden und dann in eine Jugendgruppe. Das positive Klima in diesem Jugendbibelkreis fand ich toll. Hier fand ich zum Glauben. Doch wenige Monate später kam ich in ein kirchliches Internat. Einerseits habe ich die neue Freiheit positiv erlebt. Endlich fand die Strenge von zu Hause ein Ende. Andererseits war die Bibel nur ein Randthema. Meine vielen Fragen fanden im Internat nur selten eine Antwort. Wieder fand ich eine Jugendgruppe, wo man gemeinsam die Bibel las. Die Leiterin wollte, dass wir selbst die Abende vorbereiten. Schon bald erklärte ich Bibeltexte. Es machte mir Spaß, Kommentare zu lesen und biblische Texte auszulegen. Nach kurzer Zeit bekam ich den Spitznamen „Schriftgelehrter". Doch ein Theologiestudium lag in weiter Ferne. Die theologischen Gedanken, die wir im Religionsunterricht lernten, erlebte ich als trockene Theorie. Da begegnete mir mehr Zweifelhaftes als Ermutigendes. Erst als ich mich selbst an eine theologische Arbeit wagte, entdeckte ich Positives. Beim Lesen einiger theologischer Bücher begann ich den Reichtum der Bibel zu ahnen. Ich entdeckte die positive und wichtige Aufgabe des Pfarrdienstes. Ein solcher Weg ins Pfarramt wirkt bescheiden gegenüber den Worten, die Jesaja findet. Wir hören den Bibeltext für den heutigen Sonntag aus Jesaja 6. Ich lese ab Vers 1:

„In dem Jahr, als der König Usija starb, sah ich den Herrn sitzen auf einem hohen

und erhabenen Thron, und sein Saum füllte den Tempel. Serafim standen über ihm; ein jeder hatte sechs Flügel: mit zweien deckten sie ihr Antlitz, mit zweien deckten sie ihre Füße, und mit zweien flogen sie. Und einer rief zum andern und sprach: Heilig, heilig, heilig ist der Herr Zebaoth, alle Lande sind seiner Ehre voll! Und die Schwellen bebten von der Stimme ihres Rufens, und das Haus ward voll Rauch. Da sprach ich: Weh mir, ich vergehe! Denn ich bin unreiner Lippen und wohne unter einem Volk von unreinen Lippen; denn ich habe den König, den Herrn Zebaoth gesehen mit meinen Augen. Da flog einer der Serafim zu mir und hatte eine glühende Kohle in der Hand, die er mit der Zange vom Altar nahm, und rührte meinen Mund an und sprach: Siehe, hiermit sind deine Lippen berührt, dass deine Schuld von dir genommen werde und deine Sünde gesühnt sei.
Und ich hörte die Stimme des Herrn, wie er sprach: Wen soll ich senden? Wer will unser Bote sein? Ich aber sprach: Hier bin ich, sende mich! Und er sprach: Geh hin."
Liebe Gemeinde!
Wer bin ich? Wozu lebe ich? Worin besteht meine Aufgabe, die ich erfüllen muss? Reicht es, dass ich als Teil einer Familie lebe und meine Pflicht erfülle? Reicht es, dass ich meine Zeit genieße und mir sonst keine Gedanken mache?
Jesaja erzählt sein Berufungserlebnis. Und vielleicht spüren Sie: Für diese Aufgabe bin ich berufen. Die Erziehung meiner Kinder, die Begleitung älterer Menschen, die Leitung einer Jungschar, eines Chores oder die Überweisungen in der Kirchenpflege - dafür bin ich die richtige Person. Wer dagegen nur passiv lebt, wer nur das Nötigste erfüllt, verfehlt seine Bestimmung.
Jesaja berichtet, der heilige Gott wird von Engeln umgeben. Wir können kaum ahnen, was Jesaja gesehen hat. Wir verstehen, was die Engel sagen: „Heilig, heilig, heilig ist der Herr Zebaoth, alle Lande sind seiner Ehre voll!" Und wie reagiert der Mann Gottes auf die Nähe Gottes? Welche Worte brechen aus ihm heraus?
Jesaja antwortet: „Weh mir, ich vergehe! Denn ich bin unreiner Lippen und wohne unter einem Volk von unreinen Lippen". Ich bin ein sündiger, ichbezogener Mensch

und lebe in einer Gemeinschaft mit sündigen, ichbezogenen Menschen. Gewiss, es sind keine groben Verbrechen, aber unsere Lippen verbreiten viel Schlechtes. Unsere Worte stellen die Fehler des anderen gerne heraus. Unsere Antworten machen den Mitmenschen klein. Kennen wir solche Worte? Erkennen wir uns in dem Bekenntnis des Jesaja wieder? Doch es gibt einen Ausweg. Wer vor Gott ehrlich seine Schwäche eingesteht, findet Vergebung. Wer ehrlich vor Gott seine Fehlerhaftigkeit einsieht, erfährt die Nähe Gottes. Da stellt sich mir die Frage: Wie sehen unsere eigenen Gotteserfahrungen aus? Erleben wir noch, dass Gott auch im dunklen Tal bei uns ist? Leben wir noch mit seinem tröstenden Wort? Ich kenne den Schmerz, aber ich bekenne: Die Hoffnung der Auferstehung gewährt ein Licht in der Dunkelheit. Ich möchte es mit Lothar Zenetti sagen: „Ich fragte: Wer wird mir den Stein wegwälzen von dem Grab meiner Hoffnung, den Stein von meinem Herzen, diesen schweren Stein?

Mir ist ein Stein vom Herzen genommen: Meine Hoffnung, die ich begrub, ist auferstanden, wie er gesagt hat. Er lebt, er lebt. Er geht mir voraus!“[1]

Jesaja hört die Stimme Gottes: „Wen soll ich senden? Wer will unser Bote sein? Ich aber sprach: Hier bin ich, sende mich!“ Die Berufung zielt darauf, dass Jesaja die Botschaft Gottes weiter trägt. Jede Berufung zielt darauf, dass wir die gute Nachricht weitergeben. Darum lass dich fragen: Wie oft hast du Gottes Ruf zur Seite gelegt? Wie oft hast du Gottes Weisung mit einer Ausrede beseitigt? Vielleicht mit dem Argument, dass die kirchliche Lehre viel Leere verbreitet, dass die Rede von der Dreieinigkeit kaum einer versteht. Da ist etwas dran. Früher feierte man am Sonntag Trinitatis den dreieinigen Gott. Heute scheint der Zugang verbaut. Die Gründe sind vielfältig. Ein Grund liegt darin, dass wir selbst kaum mit der Lehre von der Dreieinigkeit Gottes leben.

Eine erste Annäherung vermittelt das Bibelwort: „Heilig, heilig, heilig ist der Herr Zebaoth; alle Lande sind seiner Ehre voll.“ Dreifach heilig wird Gott genannt, und

[1] Zitiert nach EG, S. 253.

alle Welt spiegelt seine Herrlichkeit. Augustin zeigte auf, dass wir oft auf die Bedeutung der Dreiheit als das Umfassende stoßen.[2] Durch Länge, Breite und Höhe entsteht der Raum. In Vergangenheit, Gegenwart und Zukunft erleben wir die Zeit. Aus Leib, Seele und Geist besteht der Mensch. In Gedanken, Worten und Werken gestalten wir unser Leben.

Fragen wir geschichtlich: Wie kam es zur Dreifaltigkeitslehre? Am Anfang stand die Tatsache, dass die Christen zu Gott dem Vater beteten und zu Jesus Christus ihrem Herrn.[3] Zu Anfang stand das tatsächliche Bekenntnis des Thomas: „Mein Herr und - mein Gott." Mein Kyrios und mein Gott. Paulus geht von derselben Überzeugung aus. Er grüßte schon in den ersten Briefen (1. Thes 1,1) mit den Worten: „Gnade sei mit euch und Friede von Gott, unserem Vater, und dem Herrn Jesus Christus." Neben Gott Vater steht der Kyrios, der Herr Jesus Christus. Wenn die ersten Christen Jesus Kyrios nennen, nehmen sie genau den Titel auf, der in der griechischen Übersetzung des Alten Testamentes für Jahwe benutzt wurde. Wenn im hebräischen Text Jahwe stand, übersetzten sie mit dem griechischen Wort Kyrios.[4] So heißt es in Psalm 117,27: „Gott ist Kyrios." Mit dem Kyrios-Titel setzen die ersten Christen voraus: Jesus Christus ist Gott.

Auch inhaltlich wird Jesus wie Gott Vater beschrieben. Er soll wie Gott Vater Gnade und Friede schenken. Gnade und Friede gehören zu Jahwe. In Psalm 103,8 heißt es: „Barmherzig und gnädig ist Jahwe." Dazu kam die Frage: In welcher Weise können wir von Jesus als Gott sprechen? In welcher Beziehung und Stellung zu Gott dem Vater steht Jesus Christus?

Die einen sagten: Gott Vater hat sich in Jesus Christus verwandelt. Es ist derselbe Gott in anderer Gestalt. Ähnlich wie Wasser und Eis. Der Heilige Geist passt dann als Wasserdampf dazu. Sabellius vertrat diese Ansicht.[5] Doch Jesus spricht von seinem

---

[2] R. Hille (Hg.), Wer ist Gott?, S. 39ff.

[3] Der römische Legat Plinius d. J. charakterisiert die Christen mit den Worten: Sie singen „Christus als ihrem Gott im Wechsel Lob". Vgl. Ritter, Kirchen- und Theologiegeschichte, S. 15.

[4] Vgl. O. Weber, Grundlagen der Dogmatik I, S. 405; U. Rechberger, in: R. Hille (Hg.), Wer ist Gott?, S. 52.

[5] Vgl. O. Weber, Grundlagen der Dogmatik I, S. 407.

Vater. Jesus betet zu Gott, zu seinem Abba. Gott Vater und Gott Sohn sind zwei unterschiedliche Personen.
Die anderen meinten: Jesus war zwar von göttlicher Art, aber er steht nicht auf derselben Stufe wie Gott Vater. Arius und seine Anhänger behaupteten: Jesus sei Gott Vater untergeordnet.[6] Jesus sei geschaffen worden. Jesus habe einen Anfang. Doch am Anfang des Johannesevangeliums heißt es (1,1+14): „Im Anfang war das Wort und das Wort war bei Gott und Gott war das Wort ... das Wort ward Fleisch und wohnte unter uns und wir sahen seine Herrlichkeit, eine Herrlichkeit als des eingeborenen Sohnes vom Vater, voller Gnade und Wahrheit.“ Das Konzil von Nizäa (325) sprach den biblischen Gedanken aus, dass Jesus Gott ist, und widersprach der Deutung des Arius. Die biblischen Texte setzten sich durch und damit die Dreieinigkeitslehre.[7]
Nun behauptete Immanuel Kant: Aus der Dreieinigkeitslehre lässt sich nichts für das Praktische gewinnen, auch wenn man sie zu verstehen glaubt.[8] Hier irrt der Philosoph. Gott lebt, wirkt und regiert als Vater, Sohn und Heiliger Geist. Der dreieinige Gott lebt in Beziehung. Darum besitzt die Lehre der Trinität einen tiefen praktischen Sinn. Gott stiftet mit seiner schenkenden Liebe Gemeinschaft. Neben der Einheit gilt es genauso zu verstehen: Vater, Sohn und Heiliger Geist stellen eine Vielfalt dar. Der Sohn meint keine Kopie vom Vater, und auch der Heilige Geist meint eine selbständige Person, die eine Eigenständigkeit besitzt. Es besteht eine liebende Gemeinschaft zwischen Gott Vater, Jesus Christus und Heiligem Geist. Genauso sollen wir in Beziehung leben und liebende Beziehungen pflegen. Die Lehre von der Dreieinigkeit erlebe ich als hilfreiche Erklärung, die andererseits Fragen offen lässt. Denn Gott übersteigt immer unser Denken. Darum gebührt ihm die Ehre. Darum lasst uns einstimmen in den Jubel: „Heilig, heilig, heilig ist der Herr Zebaoth, alle Lande sind seiner Ehre voll!“ Amen.

---

[6] Vgl. O. Weber, Grundlagen der Dogmatik I, S. 406.
[7] Vgl. W. Härle, Dogmatik, S. 386f.
[8] Vgl. I. Kant, Werke in zehn Bänden, Hg. V. W. Weischedel, Bd. 9, S. 303f.

Gerechtigkeit erhöht ein Volk

Jeremia 23, 5 – 8

Liebe Gemeinde!

Wird der große Tag Gottes kommen? Wird der Tag kommen, an dem mir Gerechtigkeit widerfährt? Das fragte sich der Sohn des Bäckermeisters von Schorndorf. Auf eigenen Wunsch besuchte er eine weiterführende Schule.[9] Während seine Brüder nach der Lehre ein gutes Einkommen in der elterlichen Bäckerei und Gastwirtschaft fanden, studierte er als armer Student in Stuttgart Maschinenbau. Er bildete sich im Ausland fort und fühlte sich oft einsam. Abends saß er noch über seinen Büchern, und fragte sich: Wird sich die Ausbildung lohnen? Wird der Tag kommen, an dem ich die Früchte meiner Arbeit ernten kann? Wird der große Tag kommen? Diese Frage stellten sich auch die Menschen in Israel. Wir hören auf den Predigttext für den 1. Advent aus Jeremia 23. Ich lese die Verse 5-8:

„Siehe, es kommt die Zeit, spricht der Herr, dass ich dem David einen gerechten Spross erwecken will. Der soll ein König sein, der wohl regieren und Recht und Gerechtigkeit im Lande üben wird. Zu seiner Zeit soll Juda geholfen werden und Israel sicher wohnen. Und dies wird sein Name sein, mit dem man ihn nennen wird: „Der Herr unsere Gerechtigkeit."

Darum siehe, es wird die Zeit kommen, spricht der Herr, dass man nicht mehr sagen wird: „So wahr der Herr lebt, der die Kinder Israel aus Ägyptenland geführt hat!", sondern: So wahr der Herr lebt, der die Nachkommen des Hauses Israel herausgeführt und hergebracht hat aus dem Lande des Nordens und aus allen Landen, wohin er sie verstoßen hatte." Und sie sollen in ihrem Lande wohnen."

Liebe Gemeinde!

Die heute beginnende Adventszeit ist eine besondere Zeit: Der Adventskranz leuchtet und die Kerzen erhellen die Dunkelheit. Die Lebkuchen und andere Leckereien

---

[9] Vgl. G. Haug, Der Traum vom Fahren, S. 21.

wecken Freude. Viele Veranstaltungen fordern uns auf, inne zu halten. Auch im Gottesdienst lassen wir uns von den Terminen unterbrechen und sprechen mit Gott. Im Gottesdienst treten wir ein bisschen heraus aus der hektischen Wirklichkeit unseres Lebens, um aufzuatmen und neue Kraft zu suchen. Die Wirklichkeit mit ihren vielen Anforderungen bleibt bestehen. Umso dringender stehe ich vor der Aufgabe, Atem zu schöpfen auf dem Lebensweg. Vieles belastet uns. Wir haben diese Last mitgebracht, um sie vor Gott zu bringen. Die fehlende Gerechtigkeit beklagt der Prophet. Der Dichter Erwin Brezing gibt uns zu bedenken:

„Ein Christ, er klagte vor Gericht.
Der Richter sucht, wie´ s seine Pflicht,
den Ausgleich zwischen den Parteien,
bevor sie sich noch mehr entzweien.
So sehr er eintritt für den Frieden,
es ist ihm kein Erfolg beschieden.
„Wo bleibt da die Gerechtigkeit?
Ich bin im Recht!“ Der Kläger schreit.
„Gerechtigkeit ein Volk erhöhet!
Doch Leute kommt nur her und sehet,
selbst bei Gericht ist sie gestorben,
so sehr ist diese Welt verdorben!“
Gerechtigkeit - ein großes Wort,
der Richter fährt gelassen fort,
sie wohnt im Himmel, nicht auf Erden.
Uns bleibt, dass wir nicht schuldig werden.
Die Ungerechtigkeit einstweilen
gerecht auf alle zu verteilen.“[10]

Liebe Gemeinde!

---

[10] Erwin Brezing, Ein Christ bekommt es mit der Welt zu tun, S. 28.

Auf Erden suchen wir nach Kompromissen. Auf Erden sind wir immer auf der Suche. Heute fragen wir uns: Wer kann die Lage richtig einschätzen? Die Befürworter von Stuttgart 21 oder die Gegner? Wer kann die Zukunft besser einschätzen? Diejenigen, die nun die Laufzeiten der Kernkraftwerke verlängern oder die beim beschlossenen Atomausstieg bleiben wollen? Darf man das ungelöste Problem der Endlagerung stetig vor sich herschieben? Darf man nur auf die eigene beste Technik verweisen und die Meinung der Mehrheit übergehen? Ich bin mir sicher, wenn wir nach dem Gottesdienst diskutieren, dass unter uns auch die Meinungen auseinander gehen.
Auf den ersten Blick war es in Israel ganz ähnlich. Was ist die richtige Politik? Halten wir uns an Ägypten oder an Babylon? Mit welcher Großmacht gehen wir ein Bündnis ein? In diesen Fragen kannte der Prophet ein klärendes Kriterium. Er fragt: Wer achtet das Gebot Gottes? Wer beachtet die grundlegende Anweisung Gottes: „Ich bin der Herr, dein Gott, du sollst keine anderen Götter neben mir haben.“?
Doch die Politik des Königs und seiner maßgeblichen Ratgeber beschreibt das Alte Testament mit den Worten: „Sie taten, was dem Herrn missfiel.“ So auch der letzte König zur Zeit Jeremias. Er war Handlanger einer fremden Macht und eine Person ohne Profil. Er hatte keine Nähe zur Bibel und den Bürgern seines Landes. Er hat das Grundgesetz des Alten Testaments außer Acht gelassen. Er hat von seinem Volk Gehorsam verlangt und selbst den Gehorsam gegenüber Gott missachtet. Vielleicht müssen wir uns da an die eigene Nase fassen; vielleicht müssen wir neu erfassen, dass wir Gottes Wort beachten sollen.
Denn Gott erweckt Propheten. Sie üben Kritik im Namen Gottes. Ein solcher Mensch war Jeremia. Immer wieder hat er Recht und Gerechtigkeit angemahnt. Er hat darauf hingewiesen, wie wichtig die Ordnungen Gottes sind. Oft ist er ein unbequemer Mahner. Er analysiert die Lage des Volkes und stellt fest: "...sie rennen wie Pferde in eine Schlacht." Sie rennen mit Scheuklappen durch die Welt, ohne auf das Eigentliche zu sehen. Fasziniert von den eigenen Zielen, terrorisiert von dem Zeitgeist werden Gott und der Gottesdienst ausgeblendet. Dieser eingeengte Blick -

dieser Tunnelblick - wird sie eines Tages aus der Bahn werfen. Sie rennen immer stur weiter, und sie lehnen jede Korrektur ab. Wie Zugvögel, die leider die Orientierung verloren haben. So beschreibt sie Jeremia (Jer. 8). Die mahnenden Worte des Jeremia ärgerten die Regierenden. So wird vom König Jojakim berichtet, dass er ein Schriftstück des Propheten im Kreis seiner Minister Stück für Stück verbrannt hat. (Jer. 36, 22ff) Es gibt keine Richtungsänderung. Es gibt keine Spur von Selbstkritik. Es gibt kein Nachdenken über das eigene Leben. Kennen wir diese Lebenseinstellung?

Dabei - so sieht es Jeremia - hat es vor wenigen Jahrzehnten noch gut ausgesehen. Ein Neuanfang schien möglich. Der damalige König Josia hatte eine Reform durchgeführt. Das Gebot Gottes wurde in den Mittelpunkt gestellt. Die Wahrsagerei war verboten und die Sterndeuter wurden bestraft. Das Land und die Menschen sollten zu Gott umkehren. Eine Zeit lang haben sie sich an Gottes Wort gehalten, aber dann hat der neue König, dann haben leitende Minister nur ihren Vorteil gesucht. Sie haben allein auf die Macht gesetzt. Auch heute benehmen sich manche selbst in leitenden Ämtern ähnlich. Sie berufen sich ungeniert auf den Politiker Machiavelli. Dieser Politiker aus Florenz hat ohne Rücksicht auf die kleinen Leute nur auf Macht gebaut. Dieser Machtpolitiker hat Religion zwar als politisches Mittel geachtet. Persönlich lehnte er jede Religion ab. Weiter vertrat er die Meinung: Ein Fürst soll für sein politisches Ziel alle ethischen Regeln zurückstellen. Er starb erfolglos und verbittert.[11] Wer sich gegen Gottes Gebot stellt, muss die traurigen Folgen tragen. Zu Recht widerspricht der Tübinger Professor Hans Küng den Ratschlägen Machiavellis.[12] Er verweist auf Erasmus von Rotterdam. Dieser Gelehrte hat gegen Machiavellis Ansichten seine Stimme erhoben und für einen christlichen Führungsstil geworben.[13] Ein junger Prinz muss gut erzogen werden. Er kennzeichnet den christlichen Leitungsstil als Verwaltung, Wohltat und Wache. Wer leiten will, muss

[11] Vgl. K. Mittermaier, Machiavelli, S. 138.
[12] Vgl. H. Küng, Theologie im Aufbruch, S. 38.
[13] Vgl. Erasmus, Institutio Principis Christiani, 1516. Ähnliche Gedanken äußerte Thomas Morus.

auf eine gute Verwaltung achten. Eine nachhaltige Leitung beachtet das Wohl der Gemeinschaft und darum wird sie zur Wohltat. Weiter wird sie die Einhaltung von Absprachen überwachen. Diese Gedanken geben uns als Kirchengemeinderat oder als Leitungskreis des CVJM ein gutes Vorbild.
Doch in Israel hat man damals im Sinne Machiavellis auf die Karte der Macht gebaut und die Nachhaltigkeit verworfen. Schon nach kurzer Zeit ging es drunter und drüber. Der Friede war bedroht. Die Staaten um Israel kämpfen um die Vorherrschaft. Vor allen waren da die Babylonier im Osten und die Ägypter im Süden. Israel liegt dazwischen und wird zerrieben. Das kleine Land wird hin- und hergerissen. Gerade in dieser bedrängten Lage gilt es, auf Gott zu vertrauen. Gerade in dieser bedrückenden Situation gilt es, auf sein Wort zu bauen. Auch in der Reformationszeit meinten einige, sie könnten für die gute Sache rücksichtslos auf Macht bauen. Doch die Reformatorin Elisabeth von Calenberg musste erleben, ein von ihr begonnener Krieg ging verloren und stürzte sie in großes Unglück.[14] Der Reformator Ulrich Zwingli drängte Zürich zum Krieg gegen die Katholischen und starb in der Schlacht bei Kappel.[15]
Da stehen auch wir vor der Frage: Wie halten wir es mit Gottes Worten? Nehmen wir noch das Leid der Schwachen wahr? Nehmen wir uns den Hunger der Kinder in Rumänien noch zu Herzen? Haben wir noch eine Ahnung, was die Menschen im Sudan erleiden? Sehen wir die Not noch als Herausforderung für uns an?
Als der junge Ingenieur aus Schorndorf eine Herausforderung suchte, schickte man ihn nach Reutlingen. In der Maschinenbaufirma des Gustav Werner gab es viele Probleme. Neben der desolaten finanziellen Lage musste die Produktion verbessert werden. Mit dem Wahlspruch „Das Beste oder nichts!“ konnte der junge Ingenieur die Produktqualität und die Produktionsweise deutlich steigern. Der junge Mann konnte die Maschinenbaufirma retten, aber der versprochene Lohn, ein Posten im Direktorium, blieb ihm verwehrt. Wo bleibt da die Gerechtigkeit? Gott geht oft

[14] Vgl. E. Dehnerdt, Die Reformatorin, S. 273ff.
[15] Vgl. K. Heussi, Kompendium der Kirchengeschichte, S. 299.

andere Wege. Gott beschenkt uns oft so, dass wir überrascht sind. Denn in Reutlingen begegnete er einem jungen Mann, der ihm für immer Freund und treuer Mitarbeiter wurde. Hier begegnete er Wilhelm Maybach, den er zum technischen Zeichner und Konstrukteur ausbildete.[16] Gemeinsam entwickelten Wilhelm Maybach und - Gottlieb Daimler den Standuhr-Motor, verbesserten den Ottomotor und konnten die Entwicklung des Automobils in Windeseile voranbringen. Gottlieb Daimler und Wilhelm Maybach lebten in der von ihnen geleiteten Firma vor, dass nachhaltige Leitung auf den Mitarbeiter achtet und ihn beachtet. Darum lasst uns auch heute nach Gerechtigkeit suchen und das Rechte tun. Amen.

[16] Vgl. G. Haug, Der Traum vom Fahren, S. 84ff.

Jesu Stellung zum alttestamentlichen Gesetz

Matthäus 5,17 – 20

Liebe Gemeinde!

Erst wenn die Schülerin den Numerus clausus erfüllt, kann sie das Fach Medizin studieren. Erst wenn der Sportler die Qualifikation, die Mindestleistung erfüllt, kann er bei den Württembergischen Meisterschaften starten. Erst wenn der frisch eingestellte Ingenieur im Probehalbjahr die Erwartungen erfüllt, wird er fest angestellt. Ganz in diesem Sinne hat Jesus die Anforderungen des Gesetzes erfüllt. Er hat den Forderungen des Alten Testamentes eine neue Ausrichtung gegeben. Davon hören wir im Predigttext aus Matthäus 5. Ich lese die Verse 17-20:

"Ihr sollt nicht meinen, dass ich gekommen bin, das Gesetz oder die Propheten aufzulösen; ich bin nicht gekommen aufzulösen, sondern zu erfüllen. Denn wahrlich, ich sage euch: Bis Himmel und Erde vergehen, wird nicht vergehen der kleinste Buchstabe noch ein Tüpfelchen vom Gesetz, bis es alles geschieht. Wer nun eines von diesen kleinsten Geboten auflöst und lehrt die Leute so, der wird der Kleinste heißen im Himmelreich; wer es aber tut und lehrt, der wird groß heißen im Himmelreich. Denn ich sage euch: Wenn eure Gerechtigkeit nicht besser ist als die der Schriftgelehrten und Pharisäer, so werdet ihr nicht in das Himmelreich kommen."

Liebe Gemeinde!

Die Meinungen über die Bedeutung des alttestamentlichen Gesetzes gehen unter Christen weit auseinander. Die einen fordern von allen Christen, dass sie alle Bestimmungen des Alten Testamentes beachten. Andere wollen keine allgemeingültige Regel gelten lassen. Nur der einzelne und die Einzigartigkeit der Situation soll das Handeln bestimmen. Wieder andere sehen im Doppelgebot der Liebe die grundlegende Zusammenfassung. Die Liebe zu Gott und die Liebe zum Nächsten, geben dem Zusammenleben die richtige Ausrichtung. Wer hat Recht? Wer kann sich zu Recht auf Christus berufen? Mein erster Hauptgedanke:

Jesu Umgang mit dem Gesetz

Wenn Sie sich gut in den Evangelien auskennen, kennen Sie sicher einige Berichte über Jesus, die scheinbar gar nicht zu unserem Predigttext passen. Manchmal kann Jesus in einer Freiheit über Gebote des Alten Testamentes hinweggehen, dass ich nur staunen kann. Da lernen die Konfirmanden: "Du sollst den Feiertag heiligen!". Doch Jesus sagt seinem Jüngerkreis: "Der Sabbat ist um des Menschen willen gemacht und nicht der Mensch um des Sabbats willen. So ist der Menschensohn ein Herr auch über den Sabbat." Manche Ausleger verweisen auf ähnliche großzügige Äußerungen im antiken Judentum und bezeichnen Jesu Verhalten als gut jüdisch.[17] Anders wird die Sache bei den Speisegeboten. Hier durchbricht Jesus eindeutig alttestamentliche Gebote. Im Alten Testament werden reine und unreine Tiere klar unterschieden. Jesus aber erklärt alle Speisen für rein, wenn er in Matthäus 15 sagt: "Merkt ihr nicht, dass alles, was von außen in den Menschen hineingeht, ihn nicht unrein machen kann? Denn es geht nicht in sein Herz, sondern in den Bauch, und kommt heraus in die Grube. Damit erklärte er alle Speisen für rein." Vielleicht hat nun die eine oder der andere den Eindruck gewonnen: Jesus war halt ein liberaler Jude.[18] Aus diesem Grunde kann er so großzügig mit den Geboten des Alten Testamentes umgehen. Doch weit gefehlt. Jesus nimmt gerade in der Bergpredigt Gebote des Alten Testamentes auf und verschärft sie.[19] Er wiederholt das Gebot: "Du sollst nicht ehebrechen!" und fährt dann fort: "Ich aber sage euch: Wer eine Frau ansieht, sie zu begehren, der hat schon mit ihr die Ehe gebrochen in seinem Herzen." Im Gegensatz zu seiner Stellung gegenüber dem Sabbatgebot und den Speisegeboten verschärft Jesus hier ein Gebot des Alten Testamentes. In einem Streitgespräch lehnt Jesus gegen den Wortlaut des Alten Testamentes den zugestandenen Scheidebrief ab, weil er dem Schöpferwillen Gottes widerspricht. Wenn wir in diesem auf den ersten Blick

[17] Vgl. P. Lapide, Jesus – ein gekreuzigter Pharisäer, S. 13ff; Schalom Ben-Chorin, Bruder Jesus, S. 55ff.
[18] Vgl. G. Theissen/A. Merz, Der historische Jesus, S. 325ff.
[19] Vgl. G. Theissen/A. Merz, Der historische Jesus, S. 323ff.

verwirrenden Bild Klarheit finden wollen, müssen wir genau auf Jesu Worte achten. Jesus sagt uns: "Ich bin nicht gekommen aufzulösen, sondern zu erfüllen." Damit bin ich bei meinem zweiten Hauptgedanken:

Jesus Christus ist die Erfüllung des Gesetzes

Zweimal deutet Jesus in unserem Bibelabschnitt an, dass Gesetz und Propheten nicht für immer bestehen. Vielmehr sagt er: "Wahrlich ich sage euch: Bis Himmel und Erde vergehen, wird nicht vergehen der kleinste Buchstabe noch ein Tüpfelchen vom Gesetz, bis es alles geschieht." Was haben wir darunter zu verstehen? Wir finden die richtige Spur, wenn wir auf den Sprachgebrauch des Matthäusevangeliums achten. Immer wieder heißt es in diesem Evangelium: "damit erfüllt würde, was gesagt ist durch den Propheten ..." Mit Jesu Geburt, seinem Wirken und Sterben finden die Verheißungen des Alten Testamentes ihre Erfüllung.[20] Sie kommen zu ihrem Ziel. Damit wird deutlich: Jesus unterscheidet sich von liberalen Denkern, die Gottes Gebote übergehen. Jesus will nicht auflösen, sondern erfüllen. Jesus hat viele alttestamentliche Gebote nicht oberflächlich zur Seite gelegt, sondern erfüllt und zu seinem Ziel gebracht. Es sind zwei Gruppen von Geboten, die Jesus mit seinem Sterben am Kreuz erfüllt hat. Er hat zum einen die Opfervorschriften des alttestamentlichen Gesetzes erfüllt. Er ist das Lamm Gottes, das ein für alle Mal der Welt Sünde getragen hat. Er ist das eine Opfer, das alle Opfervorschriften erfüllt hat. Genauso hat Jesus zum anderen das alttestamentliche Strafgesetzbuch nicht einfach aufgelöst, sondern erfüllt. Die Strafe für unsere Schuld liegt auf ihm, damit wir Frieden hätten. Weil Christus diese Gebote erfüllt hat, sind sie zu ihrem Ziel gekommen und gelten nicht mehr für uns Christen. Doch bitte keine Missverständnisse. Jesus überlässt unser Verhalten nicht der Beliebigkeit. Jesus unterstreicht die Bedeutung der Zehn Gebote, die uns zeigen, wie die Liebe zu Gott und die Liebe zum Nächsten praktisch aussehen.

Mein dritter Hauptgedanke:

---

[20] Vgl. P. Stuhlmacher, Biblische Theologie des Neuen Testaments I, S. 104f und 266.

Jesus stellt das Doppelgebot der Liebe ins Zentrum und auf eine neue Grundlage

Im Bibeltext heißt es: "Wer nun eines von diesen kleinsten Geboten auflöst und lehrt die Leute so, der wird der Kleinste heißen im Himmelreich; wer es aber tut und lehrt, der wird groß heißen im Himmelreich." Scheinbar in Übereinstimmung zu diesen Worten lernte jeder fromme Jude die vielen Einzelgebote des Alten Testamentes auswendig. Jedes kleine Gebot war gleich wichtig und im Konfliktfall gleich unwichtig. Doch Jesus stellt nun zwei im Alten Testament voneinander getrennte Gebote zusammen. Gleichzeitig erklärt er die beiden zum bestimmenden roten Faden in der Fülle der Vorschriften. Jesus stellt das Gebot aus dem 5. Mosebuch: "Du sollst den Herrn, deinen Gott, lieben von ganzem Herzen, von ganzer Seele, von ganzem Gemüt und von allen deinen Kräften." neben das Gebot aus dem 3. Mose: "Du sollst deinen Nächsten lieben wie dich selbst." Die Zusammenstellung der beiden Gebote zum höchsten Gebot bedeutet eine wichtige Auslegung des Gesetzes. Jesus macht mit dieser Zusammenordnung einerseits deutlich, dass die Liebe zu Gott sich in konkreten Taten der Nächstenliebe äußert. Andererseits sind für ihn Gottes- und Nächstenliebe nicht ein und dasselbe. Die Liebe zu Gott kann nicht durch die Liebe zum Nächsten ersetzt werden. Vielmehr erweist sich die Liebe zu Gott als Kraftquelle für die Liebe zum Nächsten. Wer sich im antiken Judentum gut auskennt, könnte darauf hinweisen, dass schon Rabbi Hillel das Doppelgebot der Liebe als das höchste Gebot verstanden hat. Jesus nimmt die Auslegung von Hillel auf und hebt die Beschränkung des Nächsten auf den jüdischen Volksgenossen auf.[21] Die Nächstenliebe gilt über den engen Kreis des eigenen Volkes hinaus. Der barmherzige Samariter hilft dem unter die Räuber Gefallenen. Er soll uns als Beispiel vor Augen stehen. Liebe Gemeinde! Die Überordnung der Liebe zeigt uns inhaltlich, warum Jesus gelegentlich großzügig mit dem Gesetz umgehen kann. Denn Jesus will am

[21] Vgl. P. Stuhlmacher, Biblische Theologie des Neuen Testaments I, S. 99f; S. Lämmer, Lebensspuren, S. 105.

Sabbat Gutes tun und das Leben erhalten. Aus diesem Grund ist die Nächstenliebe wichtiger als die Ruhe am Sabbat. Das Liebesgebot zeigt uns, wieso er sich entgegen der Reinheitsgebote mit Zöllnern und Sündern an einen Tisch setzen kann. Denn Gott freut sich über einen Sünder, der Buße tut. Die Nächstenliebe zu den in der Antike benachteiligten Frauen erweist sich als Grund, dass Jesus die einseitige Erlaubnis der Scheidung für Männer verwirft. Denn fast jede verstoßene Frau lebte nun in bitterer Armut und Verachtung. Vielleicht möchte die eine oder der andere einwenden: "Ich finde das Alten Testament menschlicher und die modernen Gesetze menschenfreundlicher, wenn sie die Scheidung erlauben?"
Sicher gibt es Situationen, wo der Abstand ein Schutz vor neuen inneren Verwundungen bedeutet. Wenn ich innerlich Abstand gewinne, kann ich einen neuen Anfang wagen. Da kann in meinem Leben Wirklichkeit werden, was Jesus in seinem Gleichnis vom reich beschenkten Knecht erwartet. Wir erinnern uns. Ein Knecht hatte so große Schulden bei seinem König, dass er sie nie mehr abtragen konnte. Der Knecht bat nur um Aufschub. Doch der König erließ ihm die riesige Schuldsumme. Weil der König seinem Knecht seine ganze Schuld erließ, sollte er dankbar sein. Weil der König seinem Knecht so viel vergab, sollte er aus Dankbarkeit seinem Nächsten vergeben. Genauso will die empfangene Barmherzigkeit uns innerlich verändern. Weil Gott uns so viel vergeben hat, sollen wir zur Vergebung bereit sein. Es kommt in der Ehe und in jeder menschlichen Gemeinschaft darauf an, dass wir das Geschenk der Vergebung an den Anfang stellen. In diesem Sinne lasst uns auf Jesus vertrauen, der uns im Kreuz seine Liebe zeigt. Lasst uns auf seine Vergebung bauen, damit wir heute liebevoll leben können. Amen.

Gottes Güte ermutigt

Matthäus 21, 14 – 17

Liebe Gemeinde!

Ein Religionslehrer fragte seine Klasse nach den Wundern Jesu. Die Antworten kamen schnell. „Die Aussätzigen heilte er. Die Blinden machte er sehend. Den Lahmen half er auf die Beine.“ Als es nun still wird und dem Lehrer noch eine Antwort fehlte, fragte er: „Und was tat er mit den Tauben?“

„Die ließ er fliegen!“

Damit die Tauben auch hören, damit wir von neuem ein offenes Herz für Gottes Stimme gewinnen, hören wir auf den Bibeltext. Ich lese aus dem Matthäusevangelium Kapitel 21 ab Vers 14:

„Und es gingen zu ihm Blinde und Lahme im Tempel, und er heilte sie. Als aber die Hohenpriester und Schriftgelehrten die Wunder sahen, die er tat, und die Kinder, die im Tempel schrieen: Hosianna dem Sohn Davids!, entrüsteten sie sich und sprachen zu ihm: Hörst du auch, was diese sagen? Jesus antwortete ihnen: Ja! Habt ihr nie gelesen: "Aus dem Munde der Unmündigen und Säuglinge hast du dir Lob bereitet"? Und er ließ sie stehen und ging zur Stadt hinaus nach Betanien und blieb dort über Nacht.“

Liebe Gemeinde!

Im täglichen Leben nehmen wir viele Dienste in Anspruch. Mit meinem kranken Kind gehe ich am Wochenende zum Bereitschaftsdienst. Mit meinem Auto gehe ich regelmäßig zum Kundendienst. Und Sie besuchen den Gottesdienst oder hören ihn an, weil er Ihnen etwas bedeutet. Sie haben im Gottesdienst erfahren: Gott dient mir. Mit dieser Erfahrung stehen Sie in einer Reihe mit den Menschen, von denen der Bibeltext erzählt. In ihm heißt es: „Es gingen zu ihm Blinde und Lahme im Tempel, und er heilte sie.“ Im Tempel, wir würden sagen im Gottesdienst, wurden die Blinden und Lahmen frei von den Fesseln ihrer Krankheit. In Jesu Nähe erlebten die Blinden und Lahmen die befreiende Wende, denn ihre Not fand ein Ende. Blinde und Lahme kennen wir heute auch. Da ist die erfahrene Mutter. Sie hat Verständnis für ihre pubertierenden Kinder. Neben ihrer Teilzeitbeschäftigung managt sie ihren Haushalt. Doch durch ein Missverständnis kommt es zum Bruch mit der betagten Mutter. Sie sind blind für die Lebensbedingungen des anderen. Wie Blinde lebt jede für sich. Und da ist der erfolgreiche Bankkaufmann. Mit 35 Jahren ist er Direktor einer Filiale. Seine Zeiteinteilung ist spitze. Sein Arbeitsstil ist super. Er gehört zu den gefragten Leuten, aber er kennt keinen Menschen, bei dem er sich aussprechen könnte. Wie soll man da mit den Fragen fertig werden, die das Leben stellt? Wie soll man die Enttäuschungen verkraften, die jedem Menschen widerfahren? Wenn die Hilfe ausbleibt, erlahmt die eigene Kraft. Wer keine Ermutigung erfährt, brennt aus. Wie viele leiden heute unter Burnout?! Die Blinden und Lahmen leben unter uns. Vielleicht gehören wir manchmal zu ihnen. Vielleicht kennen Sie Situationen, in denen Sie sagen mussten: Ich versteh die Welt nicht mehr! Wie können wir da wieder Boden unter den Füßen gewinnen? Wie können wir neue Kraft finden? Dazu drei Gedanken:

Schwierigkeiten enthalten Chancen

Wir finden neue Kraft, wenn wir das Dunkel des Lebens nicht vorschnell als negativ bewerten. Wir dürfen dunkle Zeiten nicht zu schnell als verlorene Zeit abwerten. Das hat auch der bekannte Fußballspieler Uwe Seeler erkannt. Als er in einem Interview auf seine Verletzungen angesprochen wurde, begann er kein Lied des Selbstmitleides. Vielmehr meinte er: "Gerade in Zeiten der Krankheit hat man viel Zeit, über gewisse Dinge nachzudenken."[22] In manchen Gesprächen habe ich ähnliche Erfahrungen gehört. Da sagt mir eine Frau: "Gerade in den dunklen Tagen entwickelte sich bei mir ein Vertrauen auf Gott." Wer auf Gott traut, wird selbst in dunklen Stunden erfahren, Gott erweist sich als vertrauenswürdig. Gott nutzt die dunklen Stunden, damit unsere Tage Tiefgang gewinnen. Bitte keine Missverständnisse! Ich sehne mich nicht nach

[22] G. Klempnauer, Was allen Einsatz lohnt, S. 87.

Schmerzen. Niemand soll sich danach sehnen. Doch ich will die Chancen suchen, wenn ich hinein gezwungen werde. Ich will an den Hindernissen des Lebens wachsen. Vielleicht denken Sie: "Schwierigkeiten sind da, damit sie behoben werden. Da kann man nicht die Hände in den Schoß legen." Diese Einstellung ist meist richtig. Doch ich meine, das Leben ist vielseitig. Es gibt Probleme, die wir beseitigen können. Aber es gibt genauso Nöte, die wir nicht oder noch nicht besiegen können. Darum gefällt mir das Gebet so gut, in dem ein weiser Mann betete: „Gib mir, Gott, die Gelassenheit, Dinge hinzunehmen, die ich nicht ändern kann. Gib mir den Mut, Dinge zu ändern, die ich ändern kann. Gib mir die Weisheit, das eine von dem anderen zu unterscheiden." In diesem Sinne möchte ich an den Problemen meines Lebens lernen. Und eines weiß ich: Durch Jesu Liebe bin ich gehalten. Damit bin ich bei meinem 2. Hauptgedanken:

Durch Jesu Liebe bin ich gehalten

Viele spüren heute: Der tiefste Wunsch des Menschen zielt darauf, angenommen zu sein. Viele ahnen heute: Die tiefste Sehnsucht des Menschen besteht in dem Verlangen, geschätzt zu werden. Dieses Sehnen des Menschen will Gott befriedigen. Jesus geht auf die Hilfesuchenden zu. Jesus geht auf die Nöte der Ratsuchenden ein. So heißt es im Bibeltext: „Jesus heilte sie." Jesus befreite sie aus ihrer hoffnungslosen Lage. Genauso will Jesus uns neue Hoffnung schenken. Denn Sie sind von Gott geschätzt, auch wenn gestern Ihr Mann Sie mit unüberlegten Worten verletzt hat. Sie sind bei Gott angenommen, auch wenn Ihr Kollege Sie wie einen unbeliebten Konkurrenten behandelt. Jesus liebt Sie trotz Ihres Fehlverhaltens. Jesus lädt Sie trotz Ihrer Fehler ein, damit Sie bei ihm Zufriedenheit finden. Bei Jesus erleben wir, der innere Friede ist keine Erfindung von ein paar besonders Frommen, sondern erfahrbare Wirklichkeit. Vielleicht kommen manchen Zweifel. Vielleicht möchte die eine oder der andere zurückfragen: Darf ich es mir so leicht machen? Die Wunder werden auch als wunderbare Ermutigung gedeutet. Die Heilungen werden auch als innere Befreiungen ausgelegt. Ich halte diese Auslegung für eine wichtige Erklärung unseres Bibeltextes. Wir wissen heute, wie eng das seelische Wohlbefinden und das leibliche Wohl zusammenhängen. Die moderne Medizin sieht deutlich den Zusammenhang zwischen Befreiung von Hass und der Heilung von manchen körperlichen Krankheiten. Und ich stimme Ihnen zu, wenn Sie sagen: Das kann nicht die ganze Ausdeutung des Textes sein. Wir erkennen die ganze Bedeutung unseres Bibelabschnittes, wenn wir die Wunder als Zeichen erkennen. Die wunderbaren Heilungen zeigen uns, wer Jesus ist. Jesu Wunder sind Zeichen seiner Größe. Weiter möchte ich mich frei dazu bekennen, dass ich solche Wunder für möglich halte. Der frühere Missionsinspektor Ernst Vatter erzählt, wie er solche Wunder erlebte.[23] Viele können ähnliche Geschichten berichten. Doch andere denken: Es gibt ein paar wenige, die sich einen naiven Kinderglauben bewahrt haben. Ich wage zu bezweifeln, dass der Glaube an Wunder naiv sei. Lassen Sie uns kurz nachdenken. Bedenken wir, dass unsere Wahrnehmung von der Wirklichkeit nur eine Momentaufnahme ist. Wer meint, er könnte unsere Welt auf die Dinge beschränken, die wir mit den heutigen Messinstrumenten nachweisen können, der ist ein wenig beschränkt. Er sollte nachdenken und bedenken, dass man von Bakterien oder Schallwellen im Mittelalter nur sehr wenig wusste. Bei diesem Rückblick sollten wir erkennen: Unsere Welt ist vielfältiger als die heute bekannten Naturgesetze. Verbesserte technische Möglichkeiten werden in der Zukunft neue Fakten über unsere Welt ans Tageslicht bringen. Auf Grund solcher Überlegungen hat Matthias Claudius gegen die Meinung seiner Zeit gedichtet (EG 482,3): „Seht ihr den Mond dort stehen. Er ist nur halb zu sehen und ist doch rund und schön. So sind wohl manche Sachen, die wir getrost belachen, weil unsre Augen sie nicht sehn." Mein 3. Hauptgedanke lautet:

Durch das Lied behalte ich Gottes Liebe im Gedächtnis

Das Lied von Matthias Claudius drückt die Freude über Gottes Größe aus. Das Lied rückt die menschliche Größe wieder ins rechte Licht. Genauso haben die Gottesdienstbesucher in Jerusalem ihre Freude mit einem Lied ausgedrückt. Da wird

[23] R. Susek, Ernst Vatter, S. 151ff.

nicht nur eine kurzlebige Freude besungen. Vielmehr wird mit einem Lied der Dank an Gott ausgesprochen. Und schon manches Mal habe ich erlebt: Wenn ich dem Dank Raum gebe, tritt die Sorge in den Hintergrund. Wenn ich Gott lobe, öffnet sich ein neuer Blick für mein Leben. Gott tritt in den Vordergrund. Und so sangen die Geheilten im Tempel aus ganzer Kehle, aber sicher mit Fehlern. Das war kein prächtiger Chorgesang, eher ein mächtiger Lausbubengesang. Da rüsten sich die Superfrommen nicht zum Mitsingen, sondern sie entrüsten sich. Sie stellen Jesus die kritische Frage: Hörst du auch, was diese sagen? Jesus antwortete ihnen: Ja! Habt ihr nie gelesen: "Aus dem Munde der Unmündigen und Säuglinge hast du dir Lob bereitet?“ Neben diesen Kindern möchte ich stehen. Ich schätze mich nicht höher ein als solche kleinen Kinder. Sicher, ich bin kein Kleinkind mehr, aber aus Gottes Blickwinkel bin ich kaum mehr. Wer bin ich? Ein Mensch, der eine kurze Zeitspanne in der unglaublich langen Geschichte unserer Welt seine Tage verbringt. Ich bin ein Menschlein, das einen kleinen Lebensraum in der unermesslichen Weite des Universums einnimmt. Und wer heranwachsende und erwachsene Kinder hat, wird auf seine Grenzen aufmerksam gemacht. Meine Kinder freuen sich, dass sie manches besser können. Sicher gibt es bedeutendere Persönlichkeiten als mich. Sicher kennen Sie leitende Personen, die in aller Munde sind. Und wer Leistung erbringt, kann sich in der westlichen Welt etwas leisten. So behauptete der Atheist Ludwig Feuerbach: „Der Mensch ist, was er isst.“[24] Der Mensch ist, was er als Essen genießen kann. Ganz ähnlich meinen heute viele: Der Mensch ist, was er verdient. Die Bedeutung eines Menschen könne man an seinen Gütern ablesen. Doch wer mit offenen Augen durch unsere Wohlstandsgesellschaft geht, entdeckt: Zufriedenheit hängt nicht vom Einkommen ab. Zufriedenheit kommt aus einem inneren Frieden. Darum lasst uns von Gottes Güte singen. Lasst uns Gottes Liebe besingen, damit in uns der innere Friede wächst. Das Lob Gottes weckt ein befreiendes Echo, so dass wir mit neuer Freude Jesus nachfolgen. Amen.

---

[24] Zitiert nach: H. Thielicke, Glauben und Denken in der Neuzeit, S. 476.

Die Botschaft vom Gericht richtet uns neu auf Gott aus

Lukas 3, 1-14

Liebe Gemeinde!

Mancher Christian zeigt sich als vorbildlicher Christ. Jener Christian, von dem ich Ihnen erzähle, war gebildet und lebte seinen Glauben. Er wagte es, die Sünde beim Namen zu nennen. Er wagte, das unmoralische Treiben in Stuttgart zu kritisieren. Er wagte, den Menschen ins Gewissen zu reden. Das gefiel einigen Leuten überhaupt nicht. Besonders sein Vorgesetzter fühlte sich angegriffen. Er verbannte ihn aus der Landeshauptstadt. Soll er seinen Bußruf in einem abgelegenen Dorf erheben.[25] Soll er in der Wüste seine wüsten Reden halten. Auch im Bibeltext hören wir von einem Bußprediger. Ich lese aus Lukas 3 die Verse 1-14:

„Im fünfzehnten Jahr der Herrschaft des Kaisers Tiberius, als Pontius Pilatus Statthalter in Judäa war und Herodes Landesfürst von Galiläa und sein Bruder Philippus Landesfürst von Ituräa und der Landschaft Trachonitis und Lysanias Landesfürst von Abilene, als Hannas und Kaiphas Hohepriester waren, da geschah das Wort Gottes zu Johannes, dem Sohn des Zacharias, in der Wüste. Und er kam in die ganze Gegend um den Jordan und predigte die Taufe der Buße zur Vergebung der Sünden, wie geschrieben steht im Buch der Reden des Propheten Jesaja: Es ist eine Stimme eines Predigers in der Wüste: Bereitet den Weg des Herrn. Und macht seine Steige eben! Alle Täler sollen erhöht werden, und alle Berge und Hügel sollen erniedrigt werden, und was krumm ist, soll gerade werden, und was uneben ist, soll ebener Weg werden. Und alle Menschen werden den Heiland Gottes sehen. Da sprach Johannes zu der Menge, die hinausging, um sich von ihm taufen zu lassen: Ihr Schlangenbrut, wer hat denn euch gewiss gemacht, dass ihr dem künftigen Zorn entrinnen werdet? Seht zu, bringt rechtschaffene Früchte der Buße; und nehmt euch nicht vor zu sagen: Wir haben Abraham zum Vater. Denn ich sage euch: Gott kann

[25] Vgl. H.-M. Schneider/H. Veitshans, 250 Jahre Altpietistische Gemeinschaft in Öschingen, S. 53.

dem Abraham aus diesen Steinen Kinder erwecken. Es ist schon die Axt den Bäumen an die Wurzel gelegt; jeder Baum, der nicht gute Frucht bringt, wird abgehauen und ins Feuer geworfen. Und die Menge fragte ihn und sprach: Was sollen wir denn tun? Er antwortete und sprach zu ihnen: Wer zwei Hemden hat, der gebe dem, der keines hat; und wer zu essen hat, der tue ebenso.“

Liebe Gemeinde!

Wer war Johannes der Täufer? Der Historiker Flavius Josephus beschreibt ihn als edlen Mann, der die Juden mahnte, Gerechtigkeit gegeneinander und Frömmigkeit gegen Gott zu üben.[26] Die Bibel berichtet uns von seinen Eltern, dass sie im guten Sinne fromme Juden waren. Doch so sehr der Priester Zacharias und seine Frau Elisabeth sich mit der Bitte um ein Kind an Gott wandten, ihre Ehe blieb viele Jahre kinderlos. Jahrzehntelang warteten sie, aber Gott schwieg. Kennen wir das Schweigen Gottes? Erkennen wir Gott auch in den dunklen Stunden? Ich muss bekennen, dass es mir manchmal schwer fällt, getrost auf Gott zu vertrauen, wenn ich meine Hoffnungen begraben muss. Als für Zacharias und Elisabeth die Zeit bereit war, handelte Gott. Als die Zeit reif war, griff Gott ein. So beginnt die Lebensgeschichte des Johannes mit dem Wort des Engels: "Fürchte dich nicht, Zacharias! Dein Gebet ist erhört worden. Deine Frau Elisabeth wird dir einen Sohn gebären; dem sollst du den Namen Johannes geben." Die Vorbereitung des Johannes auf sein Wirken berichtet uns die Bibel mit der Notiz: "Johannes lebte in der Wüste." In der Wüste lebte er mit den Worten der Bibel. In der Wüste erlebte Johannes: Vor der Sendung an sein Volk steht die Sammlung unter dem Wort Gottes. Genauso gilt bei uns: Wer gehört werden will, muss zuerst auf Gott hören. Es ist für uns wichtig, dass wir über Gottes Wort nachdenken. Sei es die halbe Stunde am Morgen, in der wir einen Bibelabschnitt bedenken, oder die gemeinsame Bibellese im Hauskreis, wo man sich in einen Bibelteil hineindenkt. Im Hören auf sein Wort will Gott uns ansprechen. In der Stille wird Gott zu uns sprechen. Vielleicht möchte eine

---

[26] Flavius Josephus, Jüdische Altertümer, XVIII,5,2.

Konfirmandin oder einer der Jugendlichen erwidern: "Wer versteht das Buch mit seinem alten Deutsch?" Es ist wahr: Das Bibellesen unterscheidet sich vom Asterixlesen. Es ist wahr: In der Lutherbibel begegnet man schwerverständlichen Ausdrücken. Doch da gibt es Hilfsmittel. Da hilft uns eine Bibel im heutigen Deutsch: „Hoffnung für alle“ oder die „Gute Nachricht“. Da hilft uns eine Bibellesehilfe. Ich selbst benutze den Neukirchner Kalender. Vielleicht schätzt ihr „Termine mit Gott“. Bibellesehilfen sind Lebenshilfen. Denn in dem Wort Gottes finden wir ermutigende Worte, auch wenn ungelöste Fragen bleiben. Im Wort Gottes finden wir befreiende Worte, weil darin Gott zu uns spricht. Genauso hat Gott zu Johannes gesprochen. Ein Wort aus dem Jesajabuch hat ihn angesprochen und ihm die Augen für seine Lebensaufgabe geöffnet. Im Jesajabuch ergriff ihn das Wort: "Es ist eine Stimme eines Predigers in der Wüste: Bereitet den Weg des Herrn und macht seine Steige eben!" Das war keine ehrenvolle Aufgabe für einen hohen Priester im Tempel, sondern die unscheinbare Aufgabe für einen Wegbereiter. Da wurden keine großartigen Gaben verlangt, sondern nur die Fähigkeiten des Hörens und Predigens. Diese einfachen Möglichkeiten setzte Johannes vorbildlich ein. So verbreitete sich die Nachricht von dem feurigen Prediger. Es gab heftige Diskussionen über die Gottesdienste im Grünen. Es waren außergewöhnliche Worte, die er an seine Zuhörer richtete. Es waren die ungewöhnlichen Worte von Gottes Gericht. Darum gilt auch uns: Es langt nicht, wenn ihr das Glaubensbekenntnis auswendig kennt. Es langt nicht, wenn ihr heute Morgen ein paar religiöse Gefühle erlebt. Gott verlangt Umkehr. Gott verlangt Bekehrung und innere Hinkehr zu seinem Wort. Bei Johannes kam es noch heftiger. Er wagte es, einige Ausreden aufzugreifen und viele Kirchgänger anzugreifen. Wir könnten im Sinne des Johannes sagen: Kommt bitte nicht mit Ausreden. Behauptet nicht: Wir sind christlich erzogen. Wir leben in einer christlichen Gesellschaft. Wir erleben den gesellschaftlichen Einfluss der Volkskirche. Stimmt das? Schon der Begriff Volkskirche verfehlt die Wirklichkeit. Wir dürfen dankbar sein, dass sich fast zwei Drittel der Bevölkerung zu den beiden großen Kirchen zählen. Doch welcher Ministerpräsident wagt es, öffentlich für den christlichen Glauben einzutreten? Da ist die Ministerpräsidentin von Sachsen Christine Lieberknecht eine positive Ausnahme. Welcher Minister wagt es, von seinem Glauben zu sprechen? Da fällt Norbert Lammert angenehm auf.[27] Doch ich möchte nicht nur auf andere zeigen. Ich möchte zuerst meinen Kleinglauben zugeben und Gott um Vergebung bitten. Ich möchte neu das ehrliche Gebet nachsprechen: „Herr, ich glaube, hilf meinem Unglauben." Herr, ich vertraue dir, vergib mir mein Misstrauen. Die Menge merkte, die Umkehr kann nur der erste Schritt sein. Sie fragten Johannes: „Was sollen wir tun? Er antwortete: Wer zwei Hemden hat, der gebe dem, der keines hat; und wer zu essen hat, tue ebenso."

Vielleicht denken Sie: Etwas bei Brot für die Welt spenden, das tut mir nicht weh. Das sind Kleinigkeiten! Ganz richtig! Diese Kleinigkeiten sind es, die Jesus von uns erwartet. Das christliche Leben besteht meist aus scheinbaren Nichtigkeiten. Wie bedeutend ein solches Lebenswerk ist, das aus lauter Kleinigkeiten besteht, können wir an einem Vergleich erkennen. Wenn wir vor Weihnachten durch einen Supermarkt gehen, nehmen wir hier eine Kleinigkeit mit und dort legen wir einen kleinen Artikel in den Einkaufswagen. Wenn wir am Schluss an die Kasse kommen und die Rechnung bekommen, entdecken wir die Bedeutung der Kleinigkeiten. Wenn Gott uns die große Abschlussrechnung des Lebens vorlegt, besteht sie genauso aus vielen kleinen Dingen. Da fragt uns Jesus: Hast du mich besucht? Hast du deinem Kind bei den Hausaufgaben geholfen, als es nicht weiterkam? Hast du für hungernde Menschen etwas abgegeben? Johannes entwarf kein Programm zur Veränderung der Gesellschaft. Er widersprach den Parolen der Zeloten, die schon damals forderten: „Ausländer raus." Sind diese Anforderungen recht? Viele suchen nach Ausreden. Viele halten es mit Bertolt Brecht, der sagte: "Gut zu sein und doch zu leben zerriss mich in zwei Hälften." [28]

Johannes widerspricht dieser Ausrede. Johannes redet uns ins Gewissen. Er versichert

[27] Vgl. N. Lammert, Flagge zeigen – Vielfalt braucht Orientierung.
[28] B. Brecht, Der gute Mensch von Sezuan, S. 139.

uns: Gottes Gericht ist kein dummes Gerücht. Er sagt: "Es ist schon die Axt den Bäumen an die Wurzel gelegt; jeder Baum, der nicht gute Frucht bringt, wird abgehauen und ins Feuer geworfen." Vielleicht möchten Sie mich fragen: Kann das gut gehen, wenn man so viel vom Gericht predigt? Sie haben recht. Als Johannes die Liebschaft des König Herodes kritisierte, nahm es ein ungutes Ende. Der Machthaber war von der Macht seiner Leidenschaft ergriffen, und so griff er nach Johannes. Gefesselt an das Unrecht, lässt König Herodes den unbequemen Ankläger fesseln und wirft ihn ins Gefängnis. Johannes verlor sein irdisches Leben, aber er gewann das ewige Leben. Er verbrachte keinen angenehmen Lebensabend, aber sein Leben brachte Frucht für die Ewigkeit. Denn damals haben sich viele bekehrt. Sie haben nichts unter den Teppich gekehrt, sondern sich als Zeichen ihrer Einsicht taufen lassen. Noch heute taufen wir und bringen damit zum Ausdruck: Wie das Wasser uns reinwäscht, so vergibt Gott dem einsichtigen Sünder seine Schuld. Zu Recht sagt Johann Albrecht Bengel: „Mancher, der sich vor dem Gerichte Gottes zu sehr gefürchtet hat, wird sich in der Ewigkeit ein klein wenig schämen müssen, dass er dem Herrn nicht noch mehr Gnade zugetraut hat.“[29]

Johannes wartete auf den Sohn Gottes. Und dann kam der Erwartete. Aber Jesus kam noch nicht zum Gericht, sondern er wollte unser Leben auf Gott hin ausrichten. Wie machte Jesus das? Jesus wiederholte den Bußruf des Täufers. Jesus predigte: "Tut Buße, denn das Reich Gottes ist nahe herbeigekommen." Wir sind heute eingeladen, umzudenken und unser Denken an der Bibel auszurichten. Genauso lebte jener Christian. Er besaß ein offenes Ohr. Als die mutige Charlotte Rheilen die Gründung eines Krankenhauses anregte, nahm er ihren Vorschlag auf, so dass er zu den Mitbegründern des Diakoniekrankenhauses in Stuttgart gehörte. Christian Adam Dann rief die Menschen zum Umdenken auf, damit unser Herz auf das Kommen Gottes vorbereitet ist. Lasst uns wie Christian Adam Dann auf die Botschaft von Gottes Gericht hören, damit wir unser Herz auf Gott hin ausrichten. Amen.

---

[29] Vgl. Zitiert nach EG, S. 325.

Gott schenkt das Bessere

Lukas 11, 5 – 13

Liebe Gemeinde!

Stellen Sie sich vor, mitten in der Nacht läutet es bei Ihnen. Sie werden gewaltsam aus dem Schlaf gerissen. Sie torkeln aus dem Bett und melden sich verschlafen an der Sprechanlage. Ein Fremder antwortet: "Rufen sie schnell einen Krankenwagen. Hier draußen liegt ein Schwerverletzter. Wir hatten einen Unfall." Wie reagieren Sie? Selbstverständlich rufen sie den Notdienst an. Die eine telefoniert aus Mitleid. Der andere ruft an, weil unterlassene Hilfeleistung strafbar ist.

Jesus erzählt uns eine ähnliche Geschichte aus seiner Zeit und fügt einige Worte an. Ich lese den Predigttext aus Lukas 11, die Verse 5-13:

„Jesus sprach zu ihnen: Wenn jemand unter euch einen Freund hat und ginge zu ihm um Mitternacht und spräche zu ihm: Lieber Freund, leih mir drei Brote; denn mein Freund ist zu mir gekommen auf der Reise, und ich habe nichts, was ich ihm vorsetzen kann, und der drinnen würde antworten und sprechen: Mach mir keine Unruhe. Die Tür ist schon zugeschlossen, und meine Kinder und ich liegen schon zu Bett; ich kann nicht aufstehen und dir etwas geben. Ich sage euch: Und wenn er schon nicht aufsteht und ihm etwas gibt, weil er sein Freund ist, dann wird er doch wegen seines unverschämten Drängens aufstehen und ihm geben, soviel er bedarf. Und ich sage euch auch: Bittet, so wird euch gegeben; suchet, so werdet ihr finden; klopfet an, so wird euch aufgetan. Denn wer da bittet, der empfängt; und wer da sucht, der findet; und wer da anklopft, dem wird aufgetan. Wo ist unter euch ein Vater, der seinem Sohn, wenn der ihn um einen Fisch bittet, eine Schlange für den Fisch biete? Oder der ihm, wenn er um ein Ei bittet, einen Skorpion dafür biete? Wenn nun ihr, die ihr böse seid, euren Kindern gute Gaben geben könnt, wie viel mehr wird der Vater im Himmel den heiligen Geist geben denen, die ihn bitten!"

Liebe Gemeinde!

Dreierlei ist wichtig, um das Gleichnis recht zu verstehen.

1. Das Haus der einfachen Leute bestand aus einem einzigen Raum, 'Einzimmerapartment' würden wir sagen.[30] Das einzige Zimmer diente als Bad und Küche, als Ess- und Schlafzimmer, als gute Stube und als Stall. In dem einen Zimmer schliefen und schnarchten nicht nur die Eltern mit ihrer Kinderschar, sondern auch Hühner, Ziegen und Schafe. Wollte man bei Nacht den Türriegel öffnen, verursachte dieser einen solchen Lärm, dass die ganze Familie und die Tiere aufwachten.

2. Die Hausfrauen backten jeden Morgen den Tagesbedarf an Brot für die ganze Familie. In einem damals üblichen Dorf, wir würden sagen: 'in einem Weiler', wusste man, wer abends noch etwas Brot übrig hatte.[31]

3. Die Gastfreundschaft gehörte zu den höchsten und wichtigsten Pflichten.[32] Es war völlig undenkbar, einen Freund abzuweisen. Wenn wir das bedenken, wird uns der Bibeltext zu einer frohen Einladung. Die 1. Einladung:

Wer bittet, der empfängt

Jesus erzählt uns eine Geschichte, wie sie sich ähnlich heute oder morgen zutragen kann. Da bekommt einer unerwartet einen Gast, einen guten alten Freund. Aber er hat nichts, was er seinem Gast anbieten könnte. Er kommt in Verlegenheit. Wie kann er der Gastfreundschaft Genüge tun? Solche Notlagen kennt die eine oder der andere unter uns auch. Da fragen Jugendliche nach dem Sinn des Lebens, und ich soll antworten. Da kommen Trauernde, und ich soll trösten. Ja, da sind die Rätsel im eigenen Leben, und ich soll Herr der Lage bleiben. Wie oft habe ich selbst kein Brot im Hause? Was soll ich da unternehmen?

In Jesu Geschichte macht sich der in Verlegenheit Geratene auf. Er wagt es, um Mitternacht bei einem benachbarten Freund um etwas Brot zu bitten. Nur drei Brotfladen sollen es sein. Diese Menge gilt als Mahlzeit für eine Person. Der Nachbar hatte schon seine Tür verriegelt und seine Kinderschar zu Bett gebracht. Wer mehrere

---

30 Vgl. K. Bätz/R. Mack, Sachbilder zur Bibel, S. 11.

31 Vgl. J. Jeremias, Die Gleichnisse Jesu, S. 157.

32 Vgl. J. Jeremias, Die Gleichnisse Jesu, S. 158.

Kinder hat, weiß, welch mühsamer Kampf das zuweilen ist. Das eine Kind muss getröstet, das andere ermahnt werden. Endlich schliefen alle friedlich. Auch die Eltern gingen zu Bett. Kaum waren sie eingeschlafen, da klopfte es. "Ich brauche drei Brotfladen, mein Freund ist gekommen," ruft er von draußen.

Was wird geschehen? Wird er die Bitte des Freundes erhören? Wird er Rücksicht nehmen auf den Schlaf seiner Kinder? Nimmt er das Blöken, Meckern und Gackern der Tiere in Kauf? Wird sich die Freundschaft bewähren? Oder wird er erwidern: "Freundschaft hin - Freundschaft her, ich will jetzt meine Ruhe haben!" In dem Falle stünde die Freundschaft nur auf dem Papier. Aber wie oft steht Freundschaft nur auf dem Papier? Das gehört zu unseren schmerzlichsten Erfahrungen. Man sagt Freundschaft und denkt an den eigenen Vorteil. Man sagt Liebe und meint sich selbst. Auch das Gleichnis rechnet mit der Möglichkeit, dass der Appell an die Freundschaft im Winde verhallt, dass der Freund sein Ohr verschließt. Jesus fährt fort: „Ich sage euch: Wenn er schon nicht aufsteht und ihm etwas gibt, weil er sein Freund ist, dann wird er doch wegen seines unverschämten Drängens aufstehen und ihm geben, soviel er bedarf.“ Nüchtern setzt Jesus die Verhältnisse unserer Welt voraus. Freundschaft kann nur auf dem Papier stehen. Aber auch wenn die Freundschaft versagt, das beharrliche Bitten ist schon auf dieser Erde nicht umsonst. Um wie viel mehr hört Gott auf das Bitten seiner Kinder! Jesus versichert uns: Der gute Vater hört die Bitten seiner Kinder! Der himmlische Vater vernimmt unser Rufen. Vielleicht denken Sie, das gilt für die richtig Frommen. Gebetserhörungen erleben nur die treuen Christen. Doch Gott ist auch für einen Verlegenheitschristen ganz Ohr. Gerade den geistlich Armen verspricht Gott seine Hilfe. Jesus ermuntert uns, mit unserer Verlegenheit zum Vater zu kommen, indem er spricht: "Bittet, so wird euch gegeben; suchet, so werdet ihr finden; klopfet an, so wird euch aufgetan. Denn wer da bittet, der empfängt. Und wer da sucht, der findet. Und wer da anklopft, dem wird aufgetan."

„Bittet“, das ist eine Ermahnung, eine Aufforderung. Der Nachsatz, „so wird euch gegeben“, ist eine Verheißung Gottes, ein Versprechen und kein Versprecher. Euch wird gegeben. Ihr werdet finden. Euch wird aufgetan. Das ist ein Angebot, auf das wir eingehen sollten. Sonst werden uns Angebote von der Werbung oder von einem Vertreter unterbreitet. Wenn ein Vertreter mir ein Angebot anpreist, bin ich misstrauisch. Da ist sicher ein Haken. Das sieht toll aus, aber nachher bin ich einem Schlitzohr auf den Leim gegangen. Mancher meint auch gegenüber Gott: 'Nein danke, nicht mit mir!' Gegenüber Vertretern pflege ich ein gesundes Misstrauen, aber gegen Gott? Vielmehr gilt als 2. Einladung:

Wer Gott bittet, der empfängt Gutes

Wer gegenüber Gott misstrauisch ist, dem sagt Jesus: "Wo ist unter euch ein Vater, der seinem Sohn, wenn er ihn um einen Fisch bittet, eine Schlange für den Fisch biete? Oder der ihm, wenn er um ein Ei bittet, einen Skorpion dafür biete?"

Eltern suchen in aller Regel das Gute für ihre Kinder. Wie viel mehr der Vater im Himmel! Deshalb ist das Gebet der Ausweg aus unserer Verlegenheit. Das Gebet ist die Tür zum Vater. Und letzte Woche durfte ich wieder erleben: Gott erhört mein Beten. Da habe ich mit einer kranken Frau vor ihrer schweren Operation gebetet, und die OP ist gut verlaufen. Sie ist auf dem Weg der Besserung. Wir durften erfahren: „Bittet, so wird euch gegeben."

Vielleicht entgegnet jetzt die eine oder der andere: Das ist alles graue Theorie. Eine Theorie, die mit meiner Wirklichkeit wenig gemeinsam hat. Ja, als Kind habe ich gebetet. Das Kind betet, der Mann will. Wie viele Gebete habe ich zu Gott gebracht, aber es hat sich wenig gerührt. Ich kenne auch Bitten an Gott, die bis heute unerfüllt blieben. Manchmal kann ich Gerhard Hauptmann verstehen, der einen bettelarmen Weber sagen lässt: "Hier hilft kein Beten und kein Flehen."[33] Wie oft habe ich bei Gott angeklopft und es öffnete sich keine Tür. Solche Nöte kennen viele Christen. Wer kennt nicht die notvolle Erfahrung, dass seine Gebete nur zum Teil oder gar nicht erhört wurden. Mir geht es manchmal so. Ein bekannter Christ berichtet von seinen unerhörten Gebeten. Er ist krank. Diese Krankheit ist eine Last, die ihm jeden

[33] G. Hauptmann, Die Weber, Ullstein 1963, S. 29.

Tag belastet. Er bittet mehrfach um Gesundheit, damit er Gott besser dienen kann. Ein vorbildliches Gebet. Er war nicht ungläubig. Er vertraute Gottes Versprechen. Aber aller Glaube half dem Paulus nichts. Seine Bitte wurde nicht erhört. Er wurde nicht gesund. Doch Gott sprach zu Paulus: "Lass dir an meiner Gnade genügen, denn meine Kraft ist in den Schwachen mächtig." Diese Antwort war eine Gebetserhörung. Paulus bat um Gesundheit, damit er Gott besser dienen kann. Darauf antwortete Gott: „In den Schwachen bin ich mächtig." Gott weiß besser, was uns nützt. Zu Gott können wir nicht rufen: 'Herr Ober, bringen Sie mir mal...' Zu Gott können wir nicht kommen wie zu einem Automaten. Das vorbildliche Gebet einwerfen und das Gewünschte heraus nehmen. Gott weiß besser, was uns wirklich nützt.

Liebe Gemeinde! In meinen unerhörten Gebeten ist mir ein Trost, was Martin Luther bei seiner Auslegung des Vaterunsers zur Bitte „Dein Wille geschehe" ausführte.[34] Wir können seine Auslegung in dem Satz zusammenfassen: Wenn nicht geschieht, was wir uns wünschen, wird Besseres mit uns geschehen! Dieser Trost ist nicht leicht, aber diese Gewissheit kann uns helfen. Glauben, dass unsere Gebete erhört werden, bedeutet deshalb auch, wie Paulus für Gottes bessere Lösungen offen zu sein. Jedoch ein Gebet erhört Gott immer. Die 3. Einladung:

Wer Gott um den Heiligen Geist bittet, der empfängt ihn

Jesus versichert uns: „Wenn nun ihr, die ihr böse seid, euren Kindern gute Gaben geben könnt, wie viel mehr wird der Vater im Himmel den Heiligen Geist geben denen, die ihn bitten."

Wir dürfen das Versprechen Gottes ernst nehmen. Wir sollen verstehen: Gottes Geist wirkt im Unscheinbaren und im viel beachteten Dienst. Neben der Verkündigung des Pfarrers sollen wir auch im Austragen des Gemeindebriefes eine Weitergabe des Evangeliums sehen. Und manchmal wirkt Gott in der Wirtschaft. Kennen Sie Georg Washington Carver? Er kam aus einfachen Verhältnissen. Weil er chronisch krank war, durfte er viel lernen. Weil er sich für Pflanzen interessierte, konnte er die

[34] WA 2, 102f.

Landwirtschaft in den Südstaaten von Amerika verändern. Er setzte sich im CVJM für die biblische Unterweisung ein, und er hat als Professor den Anbau von Erdnüssen gelehrt. Unter seiner Anleitung lernten viele ehemalige Sklaven, wie man sich selbst versorgt. Die Besinnung auf Georg Washington Carver will auch uns die Frage stellen: Wo ist dein Platz? Wo will Gott, dass du deine Gaben einsetzt? Nur wer sich dieser Frage stellt, lebt nach dem Willen Gottes. Amen.

Der kluge Verwalter

Lukas 12, 42 – 48

Liebe Gemeinde!

Der Künstler Ernst Barlach gibt diesem Bild die Überschrift: „Der Müde." Beherrschend groß erstreckt sich der ermüdete Wanderer über das Bild. Sein linker Fuß passt gar nicht mehr auf das Bild. Die Augen sind geschlossen. Der Mund verstummt. Die Hände liegen auf dem Wanderstab, als seien sie zum Gebet gefaltet. Sein Rücken lehnt erschöpft am rechten Bildrand. Der rechte Hintergrund wirkt dunkel. Vielleicht geht es Ihnen heute ganz ähnlich. Vielleicht fühlen Sie sich wie gelähmt nach dem Tod eines lieben Menschen. Vielleicht spüren Sie, dass die Trauer an Ihren Kräften zehrt. Zu müde für die tägliche Arbeit. Zu schwach für die Herausforderungen des Alltags. Da sehnen wir uns nach einem tröstenden Wort. Da suchen wir nach einer Ermutigung. Wenn wir heute an die Verstorbenen des vergangenen Kirchenjahres erinnern, wird darin unsere Hoffnung sichtbar, dass unser Leben und das Leben unserer Verstorbenen in Gottes Hand geborgen ist. Wenn wir heute die Namen der Entschlafenen verlesen, wird darin unser Bemühen erkennbar, die Trauer mit der Hilfe Gottes langsam zu überwinden. Dazu wollen dieser Gottesdienst und das Wort Gottes helfen. So lese ich als Bibeltext für den heutigen Sonntag aus dem Lukasevangelium Kapitel 12 die Verse 42-48:

„Der Herr aber sprach: Wer ist denn der treue und kluge Verwalter, den der Herr über seine Leute setzt, damit er ihnen zur rechten Zeit gibt, was ihnen zusteht? Selig ist der Knecht, den sein Herr, wenn er kommt, das tun sieht. Wahrlich, ich sage euch: Er wird ihn über alle seine Güter setzen. Wenn aber jener Knecht in seinem Herzen sagt: Mein Herr kommt noch lange nicht, und fängt an, die Knechte und Mägde zu schlagen, auch zu essen und trinken und sich voll zu saufen, dann wird der Herr dieses Knechtes kommen an einem Tage, an dem er´s nicht erwartet, und zu einer Stunde, die er nicht kennt, und wird ihn in Stücke hauen lassen und wird ihm sein

Teil geben bei den Ungläubigen.
Der Knecht aber, der den Willen seines Herrn kennt, hat aber nichts vorbereitet noch nach seinem Willen getan, der wird viele Schläge erleiden müssen. Wer ihn aber nicht kennt und getan hat, was Schläge verdient, wird wenig Schläge erleiden. Denn wem viel gegeben ist, bei dem wird man viel suchen; und wem viel anvertraut ist, von dem wird man um so mehr fordern.“
Liebe Gemeinde!
Heute am Ewigkeitssonntag erinnern wir uns an liebe Menschen, die wir kannten und schätzten. Sie sind vor uns vom Tod ereilt worden. Dabei erleben wir: Der Tod trägt ein Rätselgesicht. Einmal stirbt ein Mensch nach langer, schwerer Krankheit. Ein andermal verstirbt ein älterer Mensch von einem Tag auf den anderen. Und wieder ein anderes Mal wird gar ein junger Mensch aus diesem Leben gerissen. Der Tod holt sich auf rätselhafte Weise seine Beute. Wenn wir uns an die Toten erinnern, geben wir einerseits dem Schmerz Raum. Wir leisten ein Stück Trauerarbeit. Andererseits soll auch der Dank zu Wort kommen. Wir danken für die guten Erfahrungen, die wir mit dem Angehörigen erfahren haben. Wir behalten ihn in unserem Inneren in dankbarer Erinnerung. Weiter erinnert uns das Sterben, dass auch wir sterben müssen. Wir wissen alle: Irgendwann kommt auch meine Stunde. Irgendwann muss ich diese Welt verlassen. Die Bibel lehrt uns: Das Nachdenken über den eigenen Tod ist eine heilsame Sache. Ich bedenke, dass mein Leben vergänglich ist wie eine schöne Blume. Meine Jugend und meine körperliche Leistungsfähigkeit waren beeindruckend, aber sie sind vergangen wie das wunderschöne herbstliche Laub. Daraus kann ich zweierlei Schlüsse ziehen. Der eine sagt: Wenn alles vergänglich ist, dann muss ich es auch nicht wichtig nehmen, dann ist es egal, was ich aus meinem Leben mache. Der andere aber versteht: Wenn mein Leben nur zeitlich begrenzt ist, wie die Schulzeit, dann gilt es diese Vorbereitungszeit zu nützen, damit wir für das Eigentliche bereit sind. Wenn mein Leben die Vorbereitung auf die Ewigkeit ist, dann gilt es die Lebenszeit zu nützen, dann gilt es die heutige Zeit auszunützen wie

die Zeit der Berufsausbildung. In diesem Sinne sollen wir das Wort aus Psalm 90 hören: „Herr, lehre uns bedenken, dass wir sterben müssen, auf dass wir klug werden.“ Damit komme ich zu meinem ersten Hauptgedanken:

Die Hoffnung soll unser Denken bestimmen

Der Tod wirkt oft wie eine Finsternis. Das Sterben wird noch heute mit dunkler Kleidung verbunden. Wie die Dunkelheit auf dem Bild am rechten Rand. Der dunkle Tod beendet manche Hoffnung. Ähnlich wirkt die Hoffnungslosigkeit in unserem Leben. Sie lähmt. Wenn wir ohne Hoffnung leben, sagt sich der eine: Es ist doch egal, was ich mit meiner Freizeit mache. Wenn ich frei habe, mache ich, was mir Spaß macht. Wenn wir ohne lebendige Hoffnung in den Tag hinein leben, sagt sich ein anderer: Es ist doch nicht wichtig, was ich mit meiner Lehrzeit mache. Hauptsache ich komme mit möglichst geringem Aufwand durch. Wieder ein anderer sagt: Es ist nicht wichtig, ob ich jedes Wort auf die Goldwaage lege. Wenn ich meinen Mitchristen mal anfahre, dann verraucht das schnell wieder. Es ist nicht wichtig, ob ich heute den Gottesdienst besuche. Ich ruhe mich lieber noch eine Weile aus. Doch es ist wichtig, dass wir unsere freie Zeit sinnvoll nützen. Es ist wichtig, dass wir uns zum Gottesdienst versammeln. Erstens werde ich hier selbst im Glauben bestärkt. Ich selbst höre von der Barmherzigkeit Gottes. Ich selbst singe von der Güte Gottes und werde in meinem Vertrauen auf Gott gestärkt. Zweitens wirkt es ermutigend, wenn ich nicht nur alleine glaube, sondern viele andere mit mir gute Erfahrungen mit Gott sammeln. Viele andere erfahren: Gott kommt uns wie ein Engel mit seinem tröstenden Evangelium entgegen. Ich darf wie der müde Wanderer in Ernst Barlachs Bild im Gottesdienst erleben: Gott dient mir. So sehen wir im Bild: Von der linken Seite kommt Helligkeit. Von der Seite des Engels kommt das helfende Licht. Von links kommt eilend ein Engel. Er eilt zur Hilfe. Er hat sein Gesicht dem Müden zugewandt. Behutsam die Hände um das Gesicht gelegt. Genau dieses möchte Ihnen der heutige Gottesdienst vermitteln: Gott wendet sich uns zu. Gott schenkt uns sein Mitgefühl, damit wir neuen Mut finden. Gott wendet uns sein

Angesicht zu. Auf diese Weise gibt uns Gott neues Ansehen, so dass wir ermutigt werden. Wir dürfen mit neuem Mut die Pflichten unseres Alltags erfüllen. Dabei sollen wir eins bedenken: Gottes Auftrag soll unser Handeln bestimmen. Das ist mein 2. Hauptgedanke:

Gottes Auftrag soll unser Handeln bestimmen

Jesus benutzt in diesem Bibeltext für unsere Lebensgestaltung einen bedeutungsvollen Begriff. Jesus vergleicht uns mit einem Verwalter. Eine solche Person hat einerseits einen klaren Auftrag. Zurzeit Jesu leitete ein Verwalter ein Weingut, eine Weinhandlung, ein landwirtschaftliches Anwesen oder einen handwerklichen Betrieb. Er achtete darauf, dass die Arbeiten pünktlich und gewissenhaft erfüllt werden. Andererseits besaß ein Verwalter einen beachtlichen Freiraum. Er durfte frei entscheiden, welche Rebsorte angebaut wird, welche Rebstöcke erneuert werden oder welche Arbeiter angestellt werden. Ganz ähnlich hat Gott uns einen Auftrag und einen Freiraum gegeben. Wir sollen die Erde bebauen und bewahren. Wir sollen die frohe Botschaft mit Liebe und in Weisheit weitergeben. Und weiter hat ein Verwalter seinem Herrn Rechenschaft abzulegen. Diesen Gedanken gilt es auch für unser Leben zu übersetzen. Es kommt der Tag, an dem auch wir über unser Leben Rechenschaft ablegen müssen. Über all mein Tun und Lassen wird Gott richten. Dabei wird es mir ergehen wie in der Grundschule im Diktat. Damals habe ich auf jedes Diktat mehr geübt als auf die Mathearbeiten. Ich habe mich angestrengt. Meine Mutter hat sich gemüht und mit mir Probediktate geschrieben. Doch wenn ich mein Klassenarbeitsheft zurückbekam, sah ich mit roter Farbe unterstrichen: Fehler über Fehler. Ganz ähnlich wird mir im Gericht vor Augen geführt: Fehltritt über Fehltritt. Ich bin gefallen. Ich bin immer wieder in eine Falle geraten. Da gibt es immer wieder zwei Grundfehler, die mir unterlaufen: Der Hochmut und die Liebe zum Irdischen. Wie oft heißt es auch bei uns: Wir wollen uns einen Namen machen. Wir wollen etwas leisten. Die Menschen in Babylon bauten einen Turm. Sie wollten ein Gebäude errichten, das bis in den Himmel reicht. Und wie oft wollen auch wir groß sein? Wie oft wollen wir, dass andere über unsere Leistung staunen? Doch schon damals misslang das Werk. Ihr Hochmut zerstörte ihre gemeinsame Sprache. Wie oft falle auch ich in dieses hochmütige Denkmuster. Aber nun heißt es so schön: „Fallen, das ist keine Schande, aber Liegenbleiben." Ich darf umkehren. Ich darf umdenken und Gott bitten: „Herr, sei mir Sünder gnädig." Ich darf in der Hoffnung auf Gottes Güte zu ihm beten:[35]

„Herr, lass uns nicht ins Dunkle fallen,
wo jeder Menschenhalt entschwand!
Lass dein erbarmend Wort erschallen,
so fallen wir in deine Hand!

Wir wissen wohl, wir sind am Ende,
die Welt ist reif, der Abgrund droht.
Doch fallen wir in deine Hände,
so wirkst du Leben, selbst im Tod.

Und käm das Weltgericht gleich morgen,
wir wollten heut den Tag bestehn.
Wir leben nicht, weil wir uns sorgen:
Wir leben, weil wir auf dich sehn.

So reiß uns aus dem müden Zagen,
gib unserm Geiste neue Kraft!
Hilf uns, das Leben dran zu wagen,
wo dein Geist neues Leben schafft!"
Amen.

---

[35] Vgl. L. Weingärtner, In Gott kommt unsere Zeit zum Ziel.

Wer klug ist, erkennt seine Stellung vor Gott

Lukas 16, 1 – 9

Liebe Gemeinde!

Ein Musikprofessor wollte in der mündlichen Prüfung eine Studentin auf die Schippe nehmen. Er fragte sie: “In welcher Tonart haben die Posaunen von Jericho gespielt?” Die Studentin antwortete geistesgegenwärtig: “In d-Moll, Herr Professor!” “Warum denn in d-Moll?”, wollte der überraschte Professor wissen. “Aber Herr Professor, wissen Sie denn das nicht? Als die Posaunen vor Jericho geblasen wurden, haben sie die Mauern demoliert.”

Mit dieser klugen Antwort hatte die Studentin die Prüfung schon halb bestanden. Ganz ähnlich will Jesus, dass wir klug unsere Situation erkennen. Darum spricht Jesus im heutigen Predigttext aus Lukas 16 zu allen, die ihm nachfolgen:

“Er sprach aber auch zu den Jüngern: Es war ein reicher Mann, der hatte einen Verwalter; der wurde bei ihm beschuldigt, er verschleudere ihm seinen Besitz. Und er ließ ihn rufen und sprach zu ihm: Was höre ich da von dir? Gib Rechenschaft über deine Verwaltung; denn du kannst hinfort nicht Verwalter sein. Der Verwalter sprach bei sich selbst: Was soll ich tun? Mein Herr nimmt mir das Amt; graben kann ich nicht, auch schäme ich mich zu betteln. Ich weiß, was ich tun will, damit sie mich in ihre Häuser aufnehmen, wenn ich von dem Amt abgesetzt werde. Und er rief zu sich die Schuldner seines Herrn, einen jeden für sich, und fragte den ersten: Wie viel bist du meinem Herrn schuldig? Er sprach: Hundert Eimer Öl. Und er sprach zu ihm: Nimm deinen Schuldschein, setz dich hin und schreib flugs fünfzig. Danach fragte er den zweiten: Du aber, wie viel bist du schuldig? Er sprach: Hundert Sack Weizen. Und er sprach zu ihm: Nimm deinen Schuldschein und schreib achtzig. Und der Herr lobte den ungetreuen Verwalter, weil er klug gehandelt hatte; denn die Kinder dieser Welt sind unter ihresgleichen klüger als die Kinder des Lichts. Und ich sage euch: Macht euch Freunde mit dem ungerechten Mammon, damit, wenn er zu Ende geht, sie euch aufnehmen in die ewigen Hütten."

Liebe Gemeinde!

Eigentlich lebe ich nach der Lebenseinstellung: Ehrlich währt am längsten. Doch bei diesem Bibeltext habe ich den Eindruck: Ehrlichkeit ist eine Zier, doch weiter kommt man ohne ihr. Und wenn ich die Nachrichten verfolge, drängt sich mir ein ganz ähnliches Bild auf. Einmal muss sich ein früherer Schatzmeister der CDU vor dem Gericht verantworten. Ein andermal wird ein SPD–Kandidat für ein Oberbürgermeisteramt wegen unsauberer Devisengeschäfte zur Verantwortung gezogen. Und auch ein früherer EU–Kommissar der FDP muss wegen seines Wechsels in die Wirtschaft noch Rede und Antwort stehen. Mit diesen wenigen Hinweisen erkennen wir, dass Jesus mit seinen Gleichnissen an unsere erfahrbare Wirklichkeit anknüpft und unsere Gedanken vom Bekannten zum Unbekannten, vom Wahrnehmbaren zum Reich Gottes lenkt. In seinen Gleichnissen erschließt Jesus uns eine Wahrheit, die in Gottes Reich gilt. Es hat seinen guten Grund, dass Jesus immer wieder in Bildern von Gottes neuer Welt spricht. Die gleichnishafte Erzählweise verdeutlicht uns, dass Gott die engen Grenzen einer lehrhaften Definition übersteigt. Doch Jesus vermag in bildhafter Redeweise eine Wahrheit aufzuzeigen, die uns über Gottes Reich ins Bild setzt. Welche Wahrheit hat Jesus in diesem Gleichnis im Blick? Um diese Frage zu beantworten, schauen wir uns das Gleichnis genauer an. Es war in Israel keine Seltenheit, dass ein reicher Gutsbesitzer seinen bedeutenden Grundbesitz einem Verwalter übergibt. Dieser stand vor der Aufgabe, einen Gewinn zu erwirtschaften. Ganz ähnlich beschäftigen bei uns vermögende Personen einen Finanzverwalter, der das Vermögen vermehren soll. Und wer die Gleichnisse Jesu kennt, erkennt schnell: Das Bild des Verwalters taucht immer wieder auf. Wenn Jesus ein Gleichnis über die gegenseitige Vergebung seinem Jüngerkreis ans Herz legt, dann spricht er von einem Verwalter. Dieser hat eine riesige Schuldsumme verursacht. Doch wie der König dem Verwalter die enorme Schuld erlassen hat, soll der reich beschenkte Verwalter seinem Mitknecht auch die Schuld vergeben. Wenn

Jesus ein Gleichnis über die Ablehnung seiner Person durch die Hohenpriester und den Hohen Rat weitergibt, spricht er von den Weinbergpächtern. Sie sollen den Weinberg bebauen und eine Pachtsumme davon abliefern. Wenn Jesus ein Gleichnis vom Weltgericht erzählt, dann spricht er von den anvertrauten Pfunden. Jede Person soll ihre Talente wie ein guter Verwalter gewinnbringend einsetzen. Zu unserem Christsein gehört die Situation eines Verwalters. Darum mein erster Hauptgedanke:

Wir sind Verwalter der Gaben Gottes

Die Situation eines Verwalters passt gut, unsere Stellung gegenüber Gott zu beschreiben. Ein Verwalter begegnet seinem Herrn mit Ehrfurcht. Er lebt mit der Aufgabe, die anvertrauten Güter zu vermehren. Ganz ähnlich sollen wir unsere Begabungen und alle materiellen Gaben als ein anvertrautes Gut verstehen. Wir sollen darin Talente sehen, die wir heute zum Wohl des Nächsten einsetzen. Und da freue ich mich, dass so viele in unserer Gemeinde ihre musikalischen Fähigkeiten einbringen. Die Musik vermag in uns ein Echo der Freude zu wecken. Ich freue mich, dass viele in unserer Gemeinde ehrenamtlich mitarbeiten. Die einen in der Seniorenarbeit und die anderen beim Gemeindefest. Wieder andere in der Jungschar oder beim Jungscharlager und bei vielen anderen Gelegenheiten. In dieser Mitarbeit nehmen wir unsere Aufgabe als Verwalter der Gaben Gottes ernst.

Heutzutage führt bei uns ein Finanzverwalter über alle Ein- und Ausgaben genau Buch. Doch eine solche genaue Buchführung gab es vor 2000 Jahren in Israel noch nicht. Selbst eine geregelte Kontrolle des Verwalters war kaum möglich.[36] Neben Urkunden gab es nur Schuldscheine und Rechnungen. Der Verwalter in unserem Gleichnis wird nun beschuldigt, die Güter seines Herrn zu vergeuden. Das griechische Neue Testament verwendet hier für "vergeuden" denselben Ausdruck, der auch beim Umgang des verlorenen Sohnes mit dem Geld seines Vaters benutzt wurde. Wie der verlorene Sohn das Gut seines Vaters in der Fremde verprasste, so würde der Verwalter mit den Gütern seines Herrn umgehen. Inwieweit der Verwalter

[36] Vgl. J. Jeremias, Die Gleichnisse Jesu, S. 180.

verleumdet wurde, bleibt im Dunkeln. Inwiefern der Verwalter einem Rufmord zum Opfer fiel, bleibt im Unklaren. Darauf gibt uns das Gleichnis keine Antwort. Auf jeden Fall schenkt der Großgrundbesitzer den Anschuldigungen Glauben. Ja, er macht sich nicht einmal die Mühe, die Beschuldigungen zu überprüfen. Vielleicht würden sich die Anschuldigungen als nichtig erweisen. Doch der reiche Mann kündigt dem Verwalter nur die Entlassung an. Er fordert ihn auf: Übergib mir alle Papiere und dann nimm deinen Hut. Vielleicht hätte nun die eine als Verwalterin die letzten Tage in großen Zügen genossen. Vielleicht hätte der andere in den Tag hineingelebt und über die Zukunft kaum nachgedacht. Doch der Verwalter hat das Kommende wohl bedacht. Somit mein zweiter Hauptgedanke:

Der Verwalter denkt an seine Zukunft

Der Verwalter sagt sich: "Graben kann ich nicht, auch schäme ich mich, zu betteln!" Ihm ist das drohende Unheil bekannt. Er hat seine bedrohliche Situation erkannt. Er weiß, dass mit der Entlassung die Zeit der gesicherten Existenz vorbei ist. Mit der Entlassung steht der Ruin vor der Tür. Wer wird schon einen Verwalter einstellen, der wegen Veruntreuung seine Stellung verloren hat. Auch bei uns hat ein vorbestrafter Kaufmann kaum eine Anstellungschance. "Vorbestraft! Nein danke." Für einen vorbestraften Kaufmann ist die Dauerarbeitslosigkeit vorprogrammiert. Ehrlich währt halt doch am längsten. Drohend liegt die Zukunft vor dem Verwalter. Aber er findet sich mit seinem Schicksal nicht ab. Er war fest entschlossen, die bedrohliche Zukunft von sich abzuwenden. Aber er musste schnell und klug handeln. Er musste handeln, noch bevor er die geschäftlichen Papiere aus der Hand gab. Er musste vor seiner endgültigen Entlassung noch etwas unternehmen. Er sorgte für seine unsichere Zukunft, indem er sich die Schuldner seines Chefs zu Freunden machte. Er besorgte sich eine gute Zukunft, indem er mit den Gütern seines Herrn Geschenke macht. Er lässt die Schuldner kommen und verändert die Schuldscheine. Einen beträchtlichen Teil ihrer Schuld erlässt er ihnen. Dem einen schenkt er 50

Eimer Öl und dem anderen 20 Sack Weizen. Beides war etwa 500 Denare wert.[37] Ein Arbeiter erhielt zurzeit Jesu normalerweise 1 Denar an einem Arbeitstag. Nun können wir uns ausrechnen, was wir an 500 Arbeitstagen verdienen. Genauso verschenkte der Verwalter bedeutende Geldsummen. Wer sich in der Gleichnisforschung gut auskennt, könnte hier einhaken und die Frage stellen: Folgen Sie mit der Auslegung von Einzelheiten im Gleichnis nicht der alten Betrachtungsweise von Joachim Jeremias, die heute veraltet ist? Seit Eberhard Jüngel[38] und Hans Weder[39] sucht die neuere Auslegung zuerst nach der einen Wahrheit, die das Gleichnis vermitteln will. In diesem Gleichnis wird nun deutlich, dass die vielen Einzelheiten genau die eine Wahrheit verdeutlichen. Jesus erzählt diese Geschichte von Lug und Trug nicht, um uns zum Betrug anzustiften. Ganz im Gegenteil. Er will uns von allem Selbstbetrug befreien.

Jesus lobte diesen Verwalter, weil er klug und ehrlich über seine Zukunft nachdachte. Jesus lobte den Verwalter, weil er der Wirklichkeit ins Gesicht schaute und seine Möglichkeiten entdeckte. Damit sind wir mitten drin in dieser Geschichte. Mein dritter Hauptgedanke:

Der Verwalter entdeckt seine Möglichkeiten

Mir gefällt an diesem Verwalter, dass er angesichts seiner prekären Situation aktiv wird. Klug sieht er seine Möglichkeiten und handelt entschlossen. Und ganz ähnlich haben die Christen in der ehemaligen DDR klug gehandelt. Sie brachten die innerdeutsche Mauer nicht zum Einsturz, indem sie in einer Durtonart ihre Posaunen bliesen. Viel mehr wirkte die Bettour, die sie jeden Montag vor ihren Demonstrationen in den Kirchen veranstalteten. Die Gegenwart Gottes bewirkte das Wunder der friedlichen Veränderung. Auch wir können klug für unsere Zukunft sorgen. Wir können klug für den Tag des letzten Gerichts vorsorgen. Wir können unsere Schuldscheine vor Gott ändern lassen. Uns allen steht die Möglichkeit offen,

---

[37] Vgl. J. Jeremias, Die Gleichnisse Jesu, S. 180.
[38] Vgl. E. Jüngel, Gott als Geheimnis der Welt, S. 396ff; ders., Entsprechungen, S. 134.
[39] Vgl. H. Weder, Die Gleichnisse, S. 84.

von unserer Schuld befreit zu werden. Und bei Gott wird nicht nur ein beachtlicher Teil gestrichen. Nein, alles ist beglichen. Ich darf ehrlich zugeben: Ich bin ein ichbezogener Mensch. Ich darf mir eingestehen: Ich sehe oft nur aus meinem Blickwinkel die Situation, und das Wohl des Ganzen übersehe ich. Mit diesem Eingeständnis werden zwar die Mauern meiner Selbstgerechtigkeit demoliert, aber ich darf befreit in die Zukunft gehen. Ich darf in eine gesicherte Zukunft mit Gott gehen. Da begreife ich: Ehrlich währt halt doch am längsten. Darum will ich ehrlich mit dem Geschäftsmann beten: "Gott, sei mir Sünder gnädig." Amen.

Wer auf Gottes Wort hört, erkennt seine Pflicht

Lukas 16, 19 - 31

Liebe Gemeinde!

Nach der Konfirmation und der Ausbildung nahm ein junger Mann eine Arbeitsstelle im Ausland an. In der Fremde arbeitete er sich nach oben. Er verdiente gut und wurde reich. Als er seine Heimat besuchte, suchte er einen alten Freund auf. Als er seine vielen Kinder sah, meinte er: „Das sind die, die einen reichen Mann arm machen." Worauf der Freund antwortete: „Gewiss, sparen müssen wir, aber unsere Kinder sind die, die einen armen Mann reich machen." In diesem Sinne meint Günther Beckstein: „Es sind die menschlichen Beziehungen, die uns reich machen." Und als christliche Gemeinde stehen wir vor der Frage: Wie beurteilt Gott den Reichtum? Welches Urteil fällt Gott? Wir hören in der Bibel: Es gibt manche arme Menschen, die sind in Gottes Augen reich. Manche Reiche sind bei Gott arm. Davon hören wir in Lukas 16. Ich lese ab Vers 19:

„Es war aber ein reicher Mann, der kleidete sich in Purpur und kostbares Leinen und lebte alle Tage herrlich und in Freuden. Es war aber ein Armer mit Namen Lazarus, der lag vor seiner Tür voll von Geschwüren und begehrte, sich zu sättigen mit dem, was von des Reichen Tisch fiel; dazu kamen auch die Hunde und leckten seine Geschwüre. Es begab sich aber, dass der Arme starb, und er wurde von den Engeln getragen in Abrahams Schoß. Der Reiche aber starb auch und wurde begraben. Als er nun in der Hölle war, hob er seine Augen auf in seiner Qual und sah Abraham von ferne und Lazarus in seinem Schoß. Und er rief: Vater Abraham, erbarme dich meiner und sende Lazarus, damit er die Spitze seines Fingers ins Wasser tauche und mir die Zunge kühle; denn ich leide Pein in diesen Flammen. Abraham aber sprach: Gedenke, Sohn, dass du dein Gutes empfangen hast in deinem Leben, Lazarus dagegen hat Böses empfangen; nun wird er hier getröstet, und du wirst gepeinigt. Und überdies besteht zwischen uns und euch eine große Kluft, dass niemand, der von hier zu euch hinüber will, dorthin kommen kann und auch niemand von dort zu uns herüber. Da sprach er: So bitte ich dich, Vater, dass du ihn sendest in meines Vaters Haus; denn ich habe noch fünf Brüder, die soll er warnen, damit sie nicht auch kommen an diesen Ort der Qual. Abraham sprach: Sie haben Mose und die Propheten; die sollen sie hören. Er aber sprach: Nein, Vater Abraham, sondern wenn einer von den Toten zu ihnen ginge, so würden sie Buße tun. Er sprach zu ihm: Hören sie Mose und die Propheten nicht, so werden sie sich auch nicht überzeugen lassen, wenn jemand von den Toten auferstünde."

Liebe Gemeinde!

Jesus stellt uns ein Kontrastbild vor Augen. Beide Gestalten leben am Rande der Gesellschaft. Der eine gehört zu der sehr kleinen Schicht der Superreichen. Er kann die Freuden dieser Welt genießen. Der andere steht als Bettelarmer am entgegengesetzten Rand der Gesellschaft. Ihm reicht es nicht einmal für das tägliche Brot. Wir würden vielleicht sagen: Der eine lebt auf höchstem Niveau und der andere auf der Straße. Doch der arme Mann besitzt einen Namen - Lazarus. Das heißt: „Gott hilft". Ein Armer und Kranker erhält als Einziger einen Namen in allen Gleichnissen Jesu. Da stellt sich mir die Frage: Habe ich einen Namen bei Gott? Bei der Taufe hat Gott seinen guten Namen mit unserem Namen verbunden. Bei Gott bekommen wir einen Namen geschenkt. Doch der reiche Mann bleibt namenlos. Der Reiche bleibt aus Gottes Sicht bedeutungslos. „Ohne Bedeutung!" Wird so das Urteil über mein Leben lauten? Wie wird Gott mein Leben beurteilen? Gewiss, damals war etwas anderes sichtbar. Viele kannten den Namen des Reichen. Auch wir kennen die Namen der Superreichen: Die Brüder Albrecht[40] oder die Familie Quandt.[41] Doch über den Armen schwieg man damals, und auch heute bleiben die Mittellosen ohne Namen. Der Reiche glänzte mit schicken Kleidern. Sein Obergewand war aus Purpur, dem edelsten Stoff. Selbst sein Untergewand war aus feinstem Leinen. Das war teure

[40] Vgl. D. Gürtler, Die Dagoberts, S. 253ff.
[41] Vgl. R. Jungbluth, Die Quandts.

Importware.[42] Schon am Äußeren wurde sichtbar, dass er es sich leisten konnte. Das erleben die Konfirmandinnen und Konfirmanden ähnlich. Auch in euren Schulklassen wird an den Markenklamotten sichtbar, was die Eltern verdienen. An der Größe des Taschengeldes wird klar, wer was zählt. Doch Jesus fragt: Besitzt mein Leben bei Gott Bedeutung? Habe ich bei Gott einen Namen? Drei Grundgedanken fallen mir im Bibeltext auf:

Was mir gehört, nimmt mich in Pflicht

Vielleicht denkt die eine oder der andere: Ich habe mein Einkommen. Damit kann ich auskommen, aber reich bin ich nicht. Da stellt sich mir die Frage: Was ist Reichtum? Wer diese Frage bedenkt, merkt schnell: Reichtum ist ein relativer Begriff. Ein Landwirt hält den Arbeiter in der Metallindustrie für reich. Ein Arbeiter wiederum sieht in der leitenden Ingenieurin eine reiche Frau. Die Ingenieurin sieht in den Industriebossen die wirklich Reichen. Doch fast alle in Deutschland sind im Vergleich zu der Masse der Weltbevölkerung materiell reich. Das Gleichnis sagt uns: Reichsein birgt eine Gefahr in sich. Reichtum verändert viele Menschen, so dass sie habgierig und hartherzig werden. Die Gefahr des Reichtums besteht darin, dass die Habgier Gott aus unserem Leben verdrängt. Habgier, so sagt uns die Bibel, gleicht dem Götzendienst. Bitte bedenken wir: Aktiv hat der reiche Mann nichts Böses getan. Aber er hat hartherzig dem armen Lazarus nichts Gutes getan. Er hat die gebotene Hilfeleistung unterlassen. Er übersah das Elend des Lazarus. Die Hunde waren dem Armen näher als die Menschen.

Damit sind wir alle in diesem Gleichnis gegenwärtig. Wir alle sind in der Lage, bedürftigen Menschen zu helfen. Dabei darf uns aufgehen: Der arme Lazarus trägt viele Gesichter. Da ist der alleinstehende ältere Herr, der zwar äußerlich alles hat, aber er leidet unter seiner Einsamkeit. Da ist die Witwe, die mit ihren Kindern allein dasteht und in vielen Fragen des täglichen Lebens überfordert ist. Und da sind die vielen mittellosen Menschen in der Dritten Welt, die durch die eingefahrenen

[42] Vgl. J. Jeremias, Die Gleichnisse Jesu, S. 182.

Verhältnisse des Welthandels unfair benachteiligt sind. Auch in diesen Situationen gilt, was uns unser Grundgesetz sagt: [43] „Eigentum verpflichtet. Sein Gebrauch soll zugleich dem Wohle der Allgemeinheit dienen." Und Jesus selbst wurde wie ein armer Lazarus. So schreibt Paulus (2. Kor 8,9): „Er wurde arm um euretwillen, damit ihr durch seine Armut reich würdet." Jesus wurde klein, damit wir Kleinen Gottes Kinder werden. Auf Jesus sollen wir hören. So lautet mein zweiter Hauptgedanke:

Wer auf Gottes Worte hört, findet den Weg des Lebens

Vielleicht denken Sie: Diese Geschichte passt zu neidischen Menschen. Die Neider gönnen den Fleißigen nicht den Lohn ihrer Arbeit. Darum lieben sie solche Geschichten. Überall kann man sehen, Privateigentum wird gepflegt. Das private Eigentum wird rechtzeitig renoviert. Das eigene Auto wird poliert. Das Gleichnis will Privateigentum nicht als Grundübel verdächtigen. Das Grundproblem des reichen Mannes liegt nicht in seinem Reichtum, sondern in seiner Haltung gegenüber der Bibel. Der Fehler des Reichen besteht in seiner hochmütigen Einstellung zu Gottes Wort. Darum wird dem reichen Mann zweimal gesagt: „Sie haben Mose und die Propheten; die sollen sie hören." Das gilt genauso für uns. Wir haben Jesu Wort. Wir sollen auf die Worte des Lebens hören. Die Konfirmandinnen und Konfirmanden bekommen heute ihre Bibel. Wer die Bibel liest und nach ihr lebt, wird zu einem mündigen Christenmenschen. Lesen wir noch sein Wort? Leben wir noch nach seinem Wort? Wir müssen begreifen: Wir können Gottes Wort nicht im Vorbeigehen mitnehmen. Wer die Losung zwischen Tür und Angel liest, hat sie bald vergessen. Die Gleichgültigkeit gegenüber Gottes Worten rächt sich. Wir können heute bei vielen beobachten, wie sie durch ihr Verhalten zum Ausdruck bringen: Gott, du bist für mich unbedeutend. Deine Worte halte ich für unwichtig. Doch unbemerkt verlieren sie den inneren Halt. Der Mensch ohne Gott ist unruhig und unzufrieden. Und wie oft muss er erkennen: All mein Rennen war umsonst. Alle meine viele Arbeit glich dem Turmbau zu Babel. Schön anzusehen, aber die Rücksicht ging

[43] Vgl. Artikel 14,2

verloren. Die Verständigung, die gemeinsame Sprache ging zu Grunde. Wer dagegen mit Jesu Wort sein Leben führt, wird das gute Ende, eine Ernte erleben. Darum sagt Jesus: „Wer diese meine Rede hört und tut sie, der gleicht einem klugen Mann, der sein Haus auf einen Felsen baut." Mein dritter Hauptgedanke:

Auf Gottes Urteil kommt es an

Zuerst erfüllt sich das Sprichwort: „Ob arm ob reich, im Tode gleich." Beide müssen sterben. Beide können nichts mitnehmen. Doch Gottes Urteil macht die beiden ganz und gar nicht gleich. Der Arme erhält den besten Platz; der Reiche findet sich am Ort der Qualen wieder. Für alle, die heute auf Gott pfeifen, wird es ein böses Erwachen geben. Sie werden zugeben müssen, dass es Gott gibt. Denn sie werden Gott sehen. Sie müssen ihren Irrtum einsehen und können nichts mehr ändern. Heute scheint das Urteil unserer Mitmenschen wichtig zu sein. Doch die letzte Beurteilung Gottes bleibt das wirklich Wichtige. Und das letzte Urteil über Lazarus fiel positiv aus. Bei Gott hat er einen Namen. Viele meinen heute, ein solches Urteil Gottes über unser Leben gäbe es nicht. Schon in Jesu Gleichnis denken viele so. Der reiche Mann und seine fünf Brüder sagen: Ja, wenn einer von den Toten zurückkäme, könnten wir das glauben. Wenn einer einen Augenzeugenbericht von drüben liefern würde, könnte man darüber reden. Doch Jesus sagt: Solche Leute warten vergeblich. Und würden Sie einem solchen Bericht glauben? Ich habe meine Zweifel. Liebe Gemeinde! Wir kommen in der Geschichte vor. Wir leben in einer ähnlichen Situation wie die Brüder des reichen Mannes. Uns bietet sich die Gelegenheit, auf Gottes Wort zu hören. Uns steht die Möglichkeit offen, heute Gottes Einladung anzunehmen. Aus Gottes Wort lernen wir, dass unterlassene Hilfeleistung Unrecht ist. Es gilt heute aktiv zu leben. Darum bin ich dankbar, dass sich die Konfirmandinnen und Konfirmanden bereit erklärt haben: Ich helfe einem älteren Menschen. Ich lebe ein Stück Diakonie. Jesus will uns mit der Geschichte nicht die Hölle heiß machen, sondern das heutige Hören auf sein Wort wichtig machen. Amen.

Gott schuldet uns keinen Lohn, aber er schenkt uns seinen Lohn

Lukas 17, 7 – 10

Liebe Gemeinde!

Wer einen Geldbeutel mit einem größeren Geldbetrag findet und als ehrlicher Finder zur Polizei bringt, darf eine Belohnung erwarten. Wer einer geregelten Arbeit nachgeht, darf eine Entlohnung erwarten. So richtig dies Denken im Berufsleben oder im Zusammenleben von uns Menschen ist, so wichtig ist es, diese Gedanken nicht in unseren Glauben hineinzutragen. Wir dürfen unser Denken von Leistung und Lohn nicht auf unsere Beziehung zu Gott übertragen. Jesus sagt uns in Lukas 17 in den Versen 7-10:

„Wer unter euch hat einen Knecht, der pflügt oder das Vieh weidet, und sagt ihm, wenn der vom Feld heimkommt: Komm gleich her und setz dich zu Tisch? Wird er nicht vielmehr zu ihm sagen: Bereite mir das Abendessen, schürze dich und diene mir, bis ich gegessen und getrunken habe; danach sollst du auch essen und trinken? Dankt er etwa dem Knecht, dass er getan hat, was befohlen war? So auch ihr! Wenn ihr alles getan habt, was euch befohlen ist, so sprecht: Wir sind unnütze Knechte; wir haben getan, was wir zu tun schuldig waren."

Liebe Gemeinde!

Jesus stellt uns einen Landwirt vor Augen, der sich nur einen einzigen Knecht leisten konnte. Bei solchen bescheidenen Verhältnissen hatte es ein Sklave schwer. Joseph im Alten Testament konnte zum Obersklaven aufsteigen. Die Möglichkeit blieb dem Sklaven in unserem Gleichnis verschlossen. Alle unbeliebten Aufgaben musste er selbst erledigen. Jeden Tag dieselbe Schufterei. Und am Abend, als er nach der anstrengenden Arbeit auf dem Feld und im Stall das Haus betritt, durfte er da ausruhen? Hat ihm da etwa sein Herr gedankt und ihm den Tisch gedeckt? Nein, der Sklave deckte vielmehr seinem Herrn den Tisch. Er hatte den ganzen Tag nur seine Pflicht erfüllt. Vielleicht denkt eine Konfirmandin: Typisch für die Kirche. Immer geht es um Geschichten aus einer längst vergangenen Zeit. Wo gibt es heute noch Sklaven? Ja, vielleicht ärgern auch Sie sich. Ohne kritischen Unterton erzählt Jesus, dass sich Sklaven für ihre Herren abrackerten.

Aber rümpfen wir nicht zu schnell die Nase. Wir kennen ähnliche Verhältnisse. Da sind zum einen die Leiharbeiter, die für einen bescheidenen Lohn sich jeden Tag plagen. Da sind die Landwirte, die kaum das Geld für die Maschinen erwirtschaften können. Da sind die vielen Beschäftigten im Niedriglohnbereich, die oft mit staatlicher Unterstützung aufstocken müssen, damit sie das Nötigste haben. Das riesige Defizit der Kommunen zeigt uns, die Zahl der Aufstocker nimmt zu. Wieder eine andere hat ein altes Haus gekauft und aufwendig renoviert. Doch nun muss sie den Schuldenberg abtragen. Über Jahrzehnte plagt sie sich, bis das Darlehen abgetragen ist. Fast wie ein Sklave hat sie geschuftet. Nicht ein einziges Mal hat sich die Bank bedankt. Nicht ein Mal kam ein Brief des Geldinstitutes, in dem es hieß: "Wir danken für die regelmäßige und pünktliche Rückzahlung Ihres Darlehens." Die Bank geht davon aus, dass der Darlehensnehmer nur seine Pflicht erfüllt. In diesem Sinne heißt es im Bibeltext: „So auch ihr! Wenn ihr alles getan habt, was euch befohlen ist, so sprecht: Wir haben getan, was wir zu tun schuldig waren.“ Jesus sagt uns klipp und klar: Gott schuldet uns keinen Lohn. Darüber müssen wir genauer nachdenken. Mein erster Hauptgedanke:

Gott schuldet uns keinen Lohn

Vor Gott haben wir keinen Anspruch auf Entlohnung. Wir können gegenüber Gott keine Lohnforderungen stellen.

Vielleicht denkt die eine oder der andere: Schade, dass ich mir keinen Anspruch auf Belohnung bei Gott erarbeiten kann. Es stellt sich die Frage: Schadet es der Kirche, wenn sie für den eifrigen Einsatz ihrer Mitarbeiter keinen Lohn versprechen kann? Doch ist es wirklich so schade? Sicher, jeder Chor ehrt seine verdienten Sängerinnen und Sänger. Jeder Staat zeichnet verdienstvolles Wirken durch eine Ehrung aus. Aber im zwischenmenschlichen Bereich erleben wir, wie schädlich sich das Schielen nach

Lohn auswirkt. Wer seiner Nichte einen Gefallen tut, damit er belohnt wird, denkt an seinen eigenen Vorteil. Wer seinem Freund nur hilft, wenn es was bringt, ist berechnend. Wer einem andern nur einen Gefallen tut, um was zu erben, der sucht das Weite, sobald es nichts mehr zu holen gibt. Aber wir benötigen gerade in der Not die selbstlose Hilfe des Freundes. Darum sagen wir auch: In der Not zeigt sich, wer wirklich ein Freund ist. Wirkliche Liebe fragt nicht: Was bringt mir das? In diesem Sinne sagt uns Jesus: "Tut Gutes und leiht, wo ihr nichts dafür zu bekommen hofft." Helft den Menschen, die auf eure Hilfe angewiesen sind.

Was wir im Zusammenleben unter uns Menschen entdecken, gilt auch für unser Leben mit Gott. Wie könnten wir Gott lieben, wenn wir berechnend nach unserem Lohn schielen? Wer Gott aus Berechnung dient, wird seinen Dienst aufkündigen, sobald seine Wünsche an das Leben zerplatzen. Wir sollen Gott lieben, ohne selbstsüchtige Nebengedanken.

Bitte bedenken wir: Wir leben vermessen, wenn wir vergessen, dass wir nur die Aufgaben erfüllen können, zu denen Gott uns die Gaben geschenkt hat. Wir überschätzen uns, wenn wir übersehen, dass es nicht unser Verdienst ist, dass wir zu dieser Zeit und in Westeuropa leben. Gott schuldet uns keinen Lohn!

Und darin können wir Gottes Liebe erkennen. Gott liebt uns, ohne auf seinen Vorteil zu schielen. Gott hat nicht so großes Interesse an uns, weil wir so leistungsstark sind, sondern weil er uns uneigennützig liebt. Gott schenkt seine Zuneigung auch den kleinen Leuten. Gott freut sich gerade über die Menschen, die mit leeren Händen zu ihm kommen. Darum taufen wir kleine Kinder, auch wenn sie noch nicht sprechen und ihren Glauben bekennen können. Gewiss, der kleine Peter kann mit seinem Lächeln unser Herz gewinnen, aber bei der Gartenarbeit oder gar im Weinberg kann er noch nicht helfen. Welche Befreiung bedeutet es, dass Gott keine Vorleistung fordert. Gott schenkt uns sein Ja. Gott beschenkt uns mit seiner Liebe. Mit dieser Gewissheit taufen wir kleine Kinder. Und wie befreiend ist es für unseren Glauben, dass Gott uns keinen Lohn schuldet. Doch wer sich in der Bibel gut auskennt, kennt

Bibelstellen, die von dem Lohn der Nachfolge sprechen. Mein 2. Hauptgedanke:

Gott beschenkt uns mit seinem Gnadenlohn

Wir können keinen Anspruch auf Lohn geltend machen, aber Jesus schenkt uns dennoch einen Lohn. Jesus verspricht allen, die nach seinen Worten leben, den Lohn Gottes. Viele Jesusworte enthalten wie selbstverständlich den Gedanken des Lohnes. In Matthäus 10 heißt es beispielsweise: "wer einem dieser Geringen auch nur einen Becher kalten Wassers zu trinken gibt, weil es ein Jünger ist, wahrlich ich sage euch: es wird ihm nicht unbelohnt bleiben." Am Ende der Seligpreisungen heißt es: "Seid fröhlich und getrost; es wird euch im Himmel reichlich belohnt werden."

Wir leben mit der Hoffnung, dass Gott die Seinen beschenkt, obwohl wir keinen Anspruch auf Entlohnung erheben können. Wir dürfen in der frohen Erwartung leben, dass Gott alle Christen reich beschenken wird. Damit nicht genug! Gott will uns seinen Gnadenlohn schenken. Weil Gott so barmherzig ist, will er uns den Zusatzlohn der Gnade schenken.[44] Wie können wir uns das vorstellen? Ich möchte es an einem Beispiel verdeutlichen. Eine junge Frau besucht die letzte Klasse der Realschule. Sie möchte Krankenschwester werden. Doch von heute auf morgen sieht ihre Welt anders aus. Unerwartet stirbt ihr Vater. Die Mutter steht mit ihrer großen Tochter und zwei kleinen Buben alleine da. Sie erhält nur eine bescheidene Rente. Wie soll es weitergehen? Das Geld reicht nicht. Da gibt die junge Frau ihren Berufswunsch auf und geht in die Fabrik. Sie arbeitet im Akkord. Jetzt reicht das Geld. Eines Tages zeigen zwei Kolleginnen der jungen Frau, wie man an der Maschine die Akkordzahl manipulieren kann. Die junge Frau macht mit. Die Arbeitsleistung war angeblich deutlich höher und der Zahltag auch. Die Freude über das Geld war groß, aber nun konnte sie nachts nicht mehr schlafen. Ihr Gewissen plagte sie. Ständig quälte sie die Frage: Kann man in einen christlichen Jugendkreis gehen und betrügen? Aber dann machte sie einen Schlussstrich. Sie ging zum Personalchef und zeigte sich selbst an. Es kam zu einer Meldung an den Firmenchef. Die junge Frau wurde zum Chef zitiert.

---

[44] Vgl. G. Bornkamm, Jesus von Nazareth, S. 123f.

Als sie mit erhöhtem Pulsschlag beim Chef Platz genommen hatte, begann er: "So etwas ist mir noch nie passiert! Noch nie hat sich bei mir jemand selbst angezeigt. Wir haben den Eindruck, dass Sie es mit der Wahrheit genau nehmen. So jemanden suchen wir. Sie dürfen an einem Sanitäterlehrgang teilnehmen und für Notfälle in der Firma zur Verfügung stehen."

Statt bestraft zu werden, wurde sie belohnt. Damit nicht genug. Weil sie sich geschickt anstellte, durfte sie einige Zeit später noch den Beruf einer Krankenschwester erlernen. Das ist Gnadenlohn. Gott raubte der jungen Frau den Schlaf, so dass sie umkehrte, und belohnte dann noch die Selbstanzeige. Gott führt uns zur Umkehr und belohnt uns dann noch. Das ist Gnadenlohn. Diesen Gnadenlohn empfängt jeder Christ nicht nur in seinem Leben, sondern auch im Gericht. Durch die Buße sind wir frei von unserer Schuld und so rechnet Gott im Gericht nur noch die guten Taten auf. Gott belohnt nur noch, was er durch uns wirken konnte. Das ist kein selbstverdienter Lohn. Das ist Gnadenlohn. Da erleben wir (EG 631,4): "Der Herr ist gut und sieht in Gnaden an den schlichten Dienst der Knechte, die ihn lieben. Er gibt mehr Lohn, als man erwarten kann; kein kalter Trunk ist unvergolten blieben: er gibt dafür die ganze Segensflut. Der Herr ist gut." Amen.

Der ehrliche Sünder ist Gott lieb

Lukas 18 , 9 – 14

Liebe Gemeinde!

Der kleine Jakob hat eine Prüfung hinter sich. Nun kommt der kritische Moment. Wie wird der Prüfer die Leistung beurteilen? Wie fällt das Urteil aus? Der Prüfer teilt dem Jakob mit: „Du hast die Prüfung – nicht bestanden!“ Und wenn Gott über mein Leben richtet, wird es auch heißen: Deine Lebensführung ist fehlerhaft. Das Urteil lautet: mangelhaft. Da war etliches gut, aber daneben gab es manchen Mangel. Vor Gott können wir nur ohne Fehler bestehen. Auch wenn ich ein religiöser Mensch bin: Vor Gottes Gericht kann ich nicht bestehen. Doch eigenartig: Jakob Endress aus Waiblingen bekam trotz seiner schwachen Leistung einen Freiplatz. Der Prüfer stellte fest, der Junge habe miserable Lateinkenntnisse, er nehme ihn trotzdem ins evangelisch theologische Seminar auf.[45] Nicht wegen seiner eigenen Leistung bekam er einen der begehrten Freiplätze, sondern als Geschenk. Ganz ähnlich schenkt Gott uns seine Gerechtigkeit. Davon erzählt Jesus im Gleichnis. Ich lese aus Lukas 18 die Verse 9-14:

„Jesus sagte aber zu einigen, die sich anmaßten, fromm zu sein, und verachteten die andern, dies Gleichnis: Es gingen zwei Menschen hinauf in den Tempel, um zu beten, der eine ein Pharisäer, der andere ein Zöllner. Der Pharisäer stand für sich und betete so: Ich danke dir, Gott, dass ich nicht bin wie die andern Leute, Räuber, Betrüger, Ehebrecher oder auch wie dieser Zöllner. Ich faste zweimal in der Woche und gebe den Zehnten von allem, was ich einnehme. Der Zöllner aber stand ferne, wollte auch die Augen nicht aufheben zum Himmel, sondern schlug an seine Brust und sprach: Gott, sei mir Sünder gnädig! Ich sage euch: Dieser ging gerechtfertigt hinab in sein Haus, nicht jener. Denn wer sich selbst erhöht, der wird erniedrigt werden; und wer sich selbst erniedrigt, der wird erhöht werden.“

---

[45] Vgl. K. Rommel, Mesner, Glocken, Episoden, S. 171f.

Liebe Gemeinde!

Jesus lenkt unsere Aufmerksamkeit auf zwei Personen. Diese zwei Personen stehen für zwei Lebenseinstellungen. Der eine nahm seinen Glauben sehr ernst. Er las täglich in seiner Bibel. Er betete jeden Tag zu festen Zeiten. Er gab wirklich den zehnten Teil aller seiner Einnahmen für kirchliche und diakonische Zwecke. Wenn er auf dem Markt etwas einkaufte, gab er vom Kaufpreis ebenso den Zehnten. Vielleicht hatte der Händler alle seine Einnahmen für sich behalten. Man spürte dem Pharisäer ab, dass ihm der Glaube wichtig war. Er lebte seine Überzeugung. Der andere war ein Angepasster. Er arbeitete mit den Römern zusammen. Er hat sich an die Verhältnisse seiner Zeit angepasst und mit Hilfe seiner Zollstation finanziellen Gewinn erwirtschaftet. Der Zöllner nutzte die Möglichkeiten des Lebens. Er war ein Mensch, der die Chancen seines Lebens ausnutzte. Er nahm das unternehmerische Risiko auf sich und pachtete eine Zollstation. Die Römer sparten sich die staatliche Finanzverwaltung. Sie verpachteten das Zollrecht an Oberzöllner. Finanzkräftige Privatpersonen ersteigerten das Recht, Steuern einzutreiben. Ein Oberzöllner stellte für seine einzelnen Zollstationen kleine Leute als Zöllner an. Auf diese Weise konnte der römische Staat mit festen Steuereinnahmen rechnen. Natürlich achtete jeder Beteiligte bei diesem Geldgeschäft darauf, dass er nicht zu kurz kam. Wer in der Antike ordentlich Geld verdienen wollte, ging zum Zoll und trieb's doll. So lebte dieser Zöllner nach der Devise: Hauptsache, die Kasse stimmt. Auch heute leben viele nach dem Muster: Hauptsache, der Zahltag fällt gut aus. Und wer freut sich nicht, wenn die Zahlen auf dem Gehaltsstreifen in die Höhe klettern? Wer freut sich nicht, wenn man eine Gehaltsstufe höher steigt?

Doch jeder Zöllner war zwar ein großer finanzieller Aufsteiger, aber er wurde zum Außenseiter. Er konnte sich zwar die schönsten Kleider kaufen, aber kaum einer sprach mit ihm. Er konnte sich zwar die besten Speisen leisten, aber kaum einer beneidete ihn. Er lebte in seiner Villa wie in einer Isolierstation. Wenn er seinen Nachbarn zum Abendessen einladen wollte, hatte der immer schon etwas vor. Wenn er durch die Straßen lief, sahen die Frommen diskret auf den Boden. Nach ihrer Meinung war ein Zöllner unrein, weil er ständig mit Heiden zusammenkam. Zwei so gegensätzliche Personen gehen hinauf zum Tempel. Beide beten zu Gott. Beide wollen wirklich Gott begegnen, nur ihre innere Einstellung ist grundverschieden. Darum wollen wir der Frage nachgehen: Auf welchem Grund steht unser Glaube? Der erste Teil meiner Antwort lautet:

Wer auf sich selbst vertraut, überschätzt sich

An dem Pharisäer in diesem Gleichnis soll uns deutlich werden: Wer auf seine guten Werke baut, schaut am Ende in die Röhre. Wer sich auf seinen Einsatz für Gott und die Kirche verlässt, ist von allen guten Geistern verlassen. Genau darin liegt der Fehler des Pharisäers. Von ihm heißt es: Der Pharisäer stand für sich und betete so: „Ich danke dir, Gott, dass ich nicht bin wie die andern Leute, Räuber, Betrüger, Ehebrecher oder auch wie dieser Zöllner. Ich faste zweimal in der Woche und gebe den Zehnten von allem, was ich einnehme." Der Pharisäer denkt in Vergleichen. Er vergleicht sich mit Menschen, die ihm auf religiösem Gebiet nie das Wasser reichen können. Auf Grund dieses Vergleiches kommt er sich selbst gut vor. Wie oft denken wir ganz ähnlich. Wir lesen die neuesten Enthüllungen über Boris Becker oder Jörg Immendorf und denken im Stillen: Wo bleibt da das Vorbild? Doch der Pharisäer baut sich nicht nur an den Fehlern seiner Mitmenschen auf. Er sieht nun seine Leistung in noch strahlenderem Licht. Er meint, Gott seine fromme Leistung vorrechnen zu können. Bei einer Prüfung in der Schule kann ich mir oft ausrechnen, ob es noch reicht. Doch vor Gott können wir unsere frommen Leistungen nicht berechnend ins Spiel bringen. Unsere Liebe erreicht nie den Maßstab Gottes. Unser Gehorsam erhält nie das Prädikat „fehlerlos". Darum gibt es auch für jeden, der mit Ernst an Gott glauben will nur den einen Weg des Zöllners. Daraus ergibt sich mein zweiter Hauptgedanke:

Wer auf die Gnade baut, ist von Gott hoch geschätzt

Außer dem frommen Mann geht ein geschickter Geschäftsmann in die Kirche. Von

ihm heißt es: Er aber stand ferne, wollte auch die Augen nicht aufheben zum Himmel, sondern schlug an seine Brust und sprach: „Gott, sei mir Sünder gnädig!“ Gott, vergib mir meine Schuld. Der große Ausleger der Gleichnisse, Joachim Jeremias, macht darauf aufmerksam, dass der Zöllner hier in Anlehnung an die Worte aus Psalm 51 betet.[46] Sie erinnern sich sicher an die dunkle Stunde in Davids Leben, die wir vorhin in der Schriftlesung gehört haben. David hatte mit Bathseba die Ehe gebrochen. David hat den störenden Ehemann aus dem Weg räumen lassen. Doch dann erzählte der Prophet Nathan seinem König eine Geschichte, so dass David seinen Fehler einsah. Weil David seine Schuld einsah, betete er: "Gott, sei mir gnädig." Genauso entschuldigt sich der Zöllner nicht mit faulen Ausreden, sondern er sieht seine Schuld ein. Er beschuldigt nicht die Umstände seiner Kindheit oder die wirtschaftlichen Zustände seiner Zeit, sondern er gibt sein schuldhaftes Verhalten zu. Er vergleicht sich nicht mit Kollegen, die es am Zoll noch schlimmer treiben. Er spricht für sich und seine Person: "Gott, sei mir Sünder gnädig!" Genauso dürfen wir beten: "Gott vergib mir meine Schuld." Ein solch ehrliches Gebet erhört Gott.
Vielleicht denkt die eine oder der andere bei sich: Ist eigentlich vernünftig. Keiner sollte von sich behaupten: "Ich habe alles richtig gemacht!" Vielleicht denken Sie im Stillen: Ich bin nun mal ein Mensch. Und Irren ist menschlich. Viele wandeln darum das Gebet des Zöllners ab und beten: Lieber Gott, ich mache mir nichts vor. Ich weiß, dass ich dem Finanzamt nicht alles sage. Ich gebe zu, dass ich im Geschäft auch mal fünfe gerade sein lasse. Ich bin ein ehrlicher Sünder und kein verlogener Spießbürger. Doch dieser Hochmut verkehrt das Schuldbekenntnis des Zöllners in sein Gegenteil. Diese Selbstsicherheit vergeht sich an Gottes Liebe. Darum sollen wir wie der Zöllner unsere Schuld erkennen und bekennen, hassen und lassen.
Jesus erklärt das Bekenntnis des Zöllners mit den Worten: "Dieser ging gerechtfertigt hinab in sein Haus, nicht jener. Denn wer sich selbst erhöht, der wird erniedrigt werden; und wer sich selbst erniedrigt, der wird erhöht werden."

---

[46] Vgl. J. Jeremias, Die Gleichnisse Jesu, S. 143.

Bei Jesu Worten – „er ging gerechtfertigt in sein Haus“ - fällt auf, dass sie an die Paulusbriefe erinnern. Paulus hat Jesu Predigt aufgenommen. Paulus hat als Bote Jesu von der Rechtfertigung des Sünders geschrieben.[47] Diese geschenkte Gerechtigkeit will unser Leben verwandeln. Der Zuspruch der Vergebung wird zum Anspruch auf unser Leben. Genauso wurde das Geschenk eines Freiplatzes im kirchlichen Internat zu einer Verpflichtung. Denn Gott hat aus dem Waiblinger Jakob Endress etwas gemacht. Gott hat den Kleinen zu einem großen Zeugen seines Evangeliums verwandelt. Als er seine erste akademische Prüfung bestand, hat er sich nach der Sitte seiner Zeit einen griechisch klingenden Namen zugelegt, so dass er unter dem Namen Jakob Andreä in die Kirchengeschichte einging. Jakob Andreä hat unter den zerstrittenen lutherischen Theologen eine Einigung herbeigeführt. Es ging Jakob Andreä nicht um Rechthaberei, sondern um die Rechtfertigung des sündigen Menschen vor Gott.[48] Genauso sollte unter uns trotz aller unterschiedlicher Meinungen in einem Punkte Einigkeit bestehen: Allein aus Gnaden können wir vor Gott bestehen. Amen.

[47] Vgl. J. Jeremias, Die Gleichnisse Jesu, S. 140; A. Schlatter, Paulus der Bote Jesu, S. 11ff.
[48] Vgl. W. Raupp, Gelebter Glaube, S. 55ff.

Gottes Geist öffnet uns den neuen Blick

Johannes 14, 23 – 27

Liebe Gemeinde!

An Pfingsten feiern wir das Fest des Heiligen Geistes. Da stellt sich mir die Frage: Was verstehen wir unter dem Geist Gottes? Geister kennen wir viele. Der Geist Gottes und der Geist dieser Welt streiten widereinander. Im Alten Testament widersprechen Propheten anderen selbsternannten religiösen Personen. Elia widerspricht Königin Isebel und ihrem selbstherrlichen Geist; Jeremia widersteht dem Propheten Hananja und seinem Geist der Macht; Amos widersetzt sich dem Priester Amazja, der sich vom Zeitgeist bestimmen ließ. Ich könnte die Liste noch verlängern. Auch moderne Führer werden zu Verführern. Da stellt sich die Frage: Welchen Geist meint die Bibel, wenn sie vom Heiligen Geist spricht? Mit dieser Frage hören wir auf das Bibelwort, das uns für das Pfingstfest vorgegeben ist. Ich lese aus Johannes 14 die Verse 23-27:

„Jesus sprach: Wer mich liebt, der wird mein Wort halten; und mein Vater wird ihn lieben, und wir werden zu ihm kommen und Wohnung bei ihm nehmen. Wer aber mich nicht liebt, der hält meine Worte nicht. Und das Wort, das ihr hört, ist nicht mein Wort, sondern das des Vaters, der mich gesandt hat.

Das habe ich zu euch geredet, solange ich bei euch gewesen bin. Aber der Tröster, der heilige Geist, den mein Vater senden wird in meinem Namen, der wird euch alles lehren und euch an alles erinnern, was ich euch gesagt habe. Den Frieden lasse ich euch, meinen Frieden gebe ich euch. Nicht gebe ich euch, wie die Welt gibt. Euer Herz erschrecke nicht und fürchte sich nicht."

Liebe Gemeinde!

Vielleicht ahnen wir auf Grund des Bibeltextes, was unter dem Stichwort „Heiliger Geist" gemeint ist. Vielleicht erahnen wir, dass dieses Schlagwort Geist im Deutschen unscharf bleibt. Als man auf der Grundlage der lateinischen Bibel bei uns missionierte, hat man das lateinische Wort „Spiritus“ mit Geist übersetzt. Die Übersetzung ist zwar korrekt. Dennoch geht ein Erfahrungszusammenhang verloren. Die Bibel spricht in einem bestimmten Bedeutungszusammenhang vom Heiligen Geist. Das hebräische Wort für Geist, „ruach“, eröffnet uns einen ersten Zugang. Die Grundbedeutung von „ruach“ ist Atem und Wind.[49] Es geht um Luft in Bewegung. Die Atemluft, die der Mensch einatmet und wieder ausatmet, erhält den Kreislauf des Lebens. Die Verbindung zum Schöpfer wird deutlich, weil jeder Mensch von der Geburt bis zum letzten Atemzug vom Atem lebt. Und der Atem ist für die Sinne unsichtbar und unfassbar, scheinbar ein Nichts. Doch er ist wirkungsvoll und lebensnotwendig wie der Heilige Geist. Dabei will bedacht sein: „Ruach“ bezeichnet nie etwas Feststehendes, sondern stets etwas, das selbst Bewegung ist und in gemessenen Atemzügen in Bewegung setzt. Der Geist setzt Impulse und ist in kleinen Schritten lebendig. Genauso will uns der Geist maßvoll zu neuem Leben ermutigen. Wie äußert sich dies Leben? Der Zusammenhang von Atem und mündlichem Wort klärt uns auf. Mit der Atemluft sprechen und verständigen wir uns. Mit der Atemluft beten und singen wir. Ohne die bewegte Luft verstummt das Gespräch, verliert die Liebe ihre Kraft und erstirbt das Gebet. Das hebräische Wort „ruach“ erschließt uns den Heiligen Geist als den Geist, der betet und singt. Gottes Geist pflegt das Gebet und liebt den Gesang. Und im Jubiläumsjahr unseres Posaunenchores soll uns klar sein: Der Heilige Geist lobt Gott auch mit Trompeten und Posaunen.

Das Wort aus dem Neuen Testament für den Heiligen Geist heißt „pneuma“. Es schließt sich an das hebräische Wort „ruach“ an und meint die energiegeladene Luft. Wodurch gewinnt der Heilige Geist seine Energie? Es sind drei Gesichtspunkte, auf die unser Bibelabschnitt seine besondere Aufmerksamkeit richtet. Der erste Gesichtspunkt:

Der Geist erschließt uns Gott als den barmherzigen Vater

Fast alle Menschen ahnen, dass es eine höhere Macht gibt. Sie erahnen Gott an der

[49] Vgl. E. Jenni/ C. Westermann, Theologisches Handbuch zum Alten Testament II, S. 727ff.

Größe der Schöpfung. Die einen staunen über die sinnvollen Gesetze der Natur. Die anderen bestaunen die Vielfalt, die wir beispielsweise auf unseren Wiesen erleben. Doch hier stellt sich die Frage: An welchen Gott glauben wir? Die einen verstehen Gott wie ein unbegreifliches Schicksal. Einmal bringt dies stumme Schicksal Glück und ein andermal Unglück. In diesem Falle gleicht Gott zwar einer höheren Macht, aber sie bleibt mir wie ein großes Fragezeichen verschlossen. Andere sehen in Gott einen gerechten und unbestechlichen Richter. Schon die Pharisäer meinten, im Endgericht wird Gott die Gerechten belohnen und die Ungerechten bestrafen. Am Ende wird endlich nicht mehr das Recht des Stärkeren zählen, sondern Gerechtigkeit walten. Doch zu Recht musste sich Martin Luther eingestehen: Wenn Gott wirklich gerecht über mein Leben urteilt, steht das vernichtende Urteil fest. Wenn Gott meine Heimlichkeiten ans Licht bringt, bin ich verloren. Diesen Schuldspruch kann ich nur bestätigen. Wenn Gott alle meine Fehler ins Licht stellt, bin ich am Ende. Wenn Gott alle meine Verfehlungen anprangert, kann seine Beurteilung nur negativ ausfallen. Und müssen wir nicht alle gegenüber dem gerechten Richter zugeben: Ich bin ein sündiger Mensch. Ich habe Schuld auf mich geladen. Ich habe in vielen Kleinigkeiten des Alltags immer wieder versagt. Ich habe in meiner Kritik an meinem Bruder mal wieder übertrieben. Ich habe mal wieder nur das Schlechte herausgestellt. Doch der Heilige Geist führt uns zur Umkehr. Gottes Geist will uns die Augen öffnen für unsere Schuld und uns den neuen Blick eröffnen. Wie der Beter aus dem Alten Testament dürfen wir bekennen: „So fern der Morgen ist vom Abend, lässt er unsre Übertretungen von uns sein. Wie sich ein Vater über Kinder erbarmt, so erbarmt sich der Herr über die, die ihn fürchten." Der Geist Jesu will uns das befreiende Gottesbild aufzeigen. Es fällt mir auf, dass Jesus in diesen wenigen Sätzen gleich zweimal Gott als Vater bezeichnet. Der liebende Vater nimmt mich mit meinen Schwächen an, so dass wir im Geiste Jesu sprechen können: „Abba, lieber Vater." Der barmherzige Vater will mein Bild von Gott bestimmen, so dass ich immer wieder den Trost der Vergebung erfahre. Dieser Geist Jesu soll auch uns bestimmen. Daran schließt sich das nächste an, das uns der Bibeltext über das Wirken des Heiligen Geistes sagt. Es heißt: „Aber der Tröster, der heilige Geist, den mein Vater senden wird in meinem Namen, der wird euch alles lehren und euch an alles erinnern, was ich euch gesagt habe." Der zweite Gesichtspunkt:

Der Heilige Geist tröstet uns mit dem Wort Gottes

Hier wird uns etwas Wichtiges über das Wirken des Heiligen Geistes gesagt, das in der Kirchengeschichte oft übersehen wurde. Hier wird etwas entscheidend Wichtiges über den Geist Gottes geäußert, das auch heute oft übergangen wird. Der Heilige Geist spricht zu uns durch das Wort der Schrift. Martin Buber hat in seiner Bibelübersetzung zutreffend vom Spruch Gottes statt vom Wort Gottes übersetzt, weil es um eine Tätigkeit Gottes geht. Gottes Wort ist lebendig. Ein Ausleger entdeckt in diesen Versen einen Ring. Zwischen dem Heiligen Geist, dem biblischen Wort und dem Frieden besteht ein Ring. Es ist ein befreiender und Leben stiftender Ring. Der Heilige Geist nimmt das eindeutige Sprechen Gottes auf und stiftet Frieden zwischen Gott und uns. Nun, es gibt einige, die über das Wort dahinfahren. Sie benutzen zwar die Bibel, aber sie verdrehen die Worte. Sie greifen einzelne Bibelworte aus dem Zusammenhang heraus. Sie scheuen sich vor dem mühevollen Studium. Ein besonderes Beispiel hat der angeblich vom Heiligen Geist erfüllte Thomas Müntzer geliefert. Er hat die Bauern zum bewaffneten Aufstand ermuntert und hat mit seiner Bibelauslegung Wunder versprochen. Er hat zu den Bauern gesprochen: „Lasst euch nicht abschrecken. Gott ist mit euch, wie geschrieben steht ...: Es ist nicht euer, sondern des Herrn Streit."[50] Ein solcher Aufruf zur Gewalt entpuppt sich als Missbrauch des Wortes Gottes. Er widerspricht klaren Aussagen der Bibel. So steht über dem Pfingstfest das Bibelwort: „Es soll nicht durch Heer oder Kraft, sondern durch meinen Geist geschehen, spricht der Herr." Was uns der Heilige Geist sagt, das entspricht dem eindeutigen Verständnis der Heiligen Schrift. Die Bibel kann nur von ihren klaren Aussagen her ausgelegt werden. Der eindeutige und

[50] H. Oberman (Hg.), Kirchen- und Theologiegeschichte in Quellen III, Die Kirche im Zeitalter der Reformation, S. 108.

einleuchtende Sinn bestimmt die Auslegung. Wir sollen verstehen, dass wir im Wort der Bibel seinem Geist begegnen. Wir können Gott nur mit seinem Wort lieben. Wir können nur mit seinem lebendigen Wort voll des Geistes Gottes werden. Der Heilige Geist bedient sich der Worte Gottes. Dabei benutzt er das mündliche Wort, das uns mit der bewegten Luft den Beistand Gottes zusagt. Gelegentlich fehlt mir die Kraft des Geistes. Oft gerate ich in Verlegenheit, wenn ich nicht ganz bei Trost bin. Doch Jesus verspricht uns: „Den Frieden lasse ich euch, meinen Frieden gebe ich euch. Nicht gebe ich euch, wie die Welt gibt. Euer Herz erschrecke nicht und fürchte sich nicht." Damit bin ich bei meinem 3. Gesichtspunkt:

Der Heilige Geist befähigt uns zum friedlichen Miteinander

Indem Gott uns seinen Geist schenkt, geht er auf uns zu und beschenkt uns mit seinem Frieden. Indem Gott uns wie ein liebender Vater annimmt, gewinnt seine Gerechtigkeit an Bedeutung. Darum gilt für uns (Röm 5,1): „Da wir nun gerecht geworden sind durch den Glauben, haben wir Frieden mit Gott durch unseren Herrn Jesus Christus." Weil Gott mir die Hand zum Frieden reicht, kann ich mit mir selbst im Frieden leben. Wer mit sich selbst im Frieden lebt, kann seine Welt in doppelter Weise im neuen Licht sehen.

Zum einen erkennen wir: Vielfalt bereichert. Jede Gemeinde gewinnt durch vielfältige Gruppen. Jede Gemeinschaft lebt von den vielen, die ihre unterschiedlichen Fähigkeiten einbringen. Ich war am Mitarbeiterabend beeindruckt von den vielen Gruppen, die es in Öschingen gibt. Neben dem Reichtum steht die Aufgabe. Ich muss lernen, den anderen zu achten. Unter uns gibt es Unterschiede: Die einen singen und beten lieber mit neuen Liedern. Andere schätzen die alten Choräle. Die einen beten lieber mit erhobenen Händen. Andere falten sie lieber. Für Gott sind diese Formen gleichwertig. Für Gott gibt es in diesen Fragen kein besser oder schlechter. Damit wir lernen, einander zu achten, sollen wir um den Geist des Friedens bitten. Wer dagegen wegen Kleinigkeiten einen Streit beginnt, dämpft den Heiligen Geist. Doch wir wollen uns um den Frieden mühen und um den Heiligen

Geist bitten. Denn Jesus ermutigt und verspricht uns: „Wenn nun ihr, die ihr böse seid, euren Kindern gute Gaben geben könnt, wie viel mehr wird der Vater im Himmel den Heiligen Geist geben denen, die ihn bitten.“ Amen.

Allein der Glaube befreit

Römer 3, 21 – 31

Liebe Gemeinde!

Zuerst war Albrecht von Brandenburg Bischof von Magdeburg. Später wurde er noch zum Erzbischof von Mainz ernannt. Es verstieß gegen die kirchliche Ordnung, mehrere Bistümer zu leiten. Durch eine riesige Geldzahlung an Papst Leo X gelang es, eine Ausnahmegenehmigung zu erhalten. Das Geld zahlte Albrecht von Brandenburg mit Hilfe eines Darlehens. Der Geldgeber Jakob Fugger sollte durch einen Ablass sein Geld mit Zinsen zurückerhalten. Mit dem Ablass konnte der Papst ein zweites Mal Geld einnehmen.[51] Nun aber widersprach Martin Luther mit den 95 Ablassthesen. Nun aber erhob der junge Professor Einspruch und beeinträchtigte den Ablasshandel. Nun aber befreite Luther die verwirrten Gewissen.

Die beiden kleinen Worte „nun aber" zeigen an, dass sich etwas gewandelt hat. Von dieser Wandlung hören wir im Bibeltext für das Reformationsfest aus Römer 3 die Verse 21-31:

„Nun aber ist ohne Zutun des Gesetzes die Gerechtigkeit, die vor Gott gilt, offenbart, bezeugt durch das Gesetz und die Propheten. Ich rede aber von der Gerechtigkeit vor Gott, die da kommt durch den Glauben an Jesus Christus zu allen, die glauben. Denn es ist hier kein Unterschied: Sie sind allesamt Sünder und ermangeln des Ruhmes, den sie bei Gott haben sollten, und werden ohne Verdienst gerecht aus seiner Gnade durch die Erlösung, die durch Christus Jesus geschehen ist. Den hat Gott für den Glauben hingestellt als Sühne in seinem Blut zum Erweis seiner Gerechtigkeit, indem er die Sünden vergibt, die früher begangen wurden in der Zeit seiner Geduld, um nun in dieser Zeit seine Gerechtigkeit zu erweisen, dass er selbst gerecht ist und gerecht macht den, der da ist aus dem Glauben an Jesus.

Wo bleibt nun das Rühmen? Es ist ausgeschlossen. Durch welches Gesetz? Durch das

[51] Vgl. W. von Loewenich, Martin Luther, S. 106f.

Gesetz der Werke? Nein, sondern durch das Gesetz des Glaubens. So halten wir nun dafür, dass der Mensch gerecht wird ohne des Gesetzes Werke, allein durch den Glauben."

Liebe Gemeinde!

Welche Hoffnungen bestimmen Ihr Leben? Manchmal kann man hören: Es wird recht, wenn einer in der Jugend was Anständiges lernt. Es wird recht, wenn eine den richtigen Partner findet. Es wird recht, wenn einer rechtschaffen lebt. Doch ich meine: Das ist zu wenig. Da lassen wir uns durch eine falsche Bescheidenheit einfangen und einsperren. Die Reformationsgeschichte will uns die Augen öffnen, dass unser Leben in einem tieferen Sinne recht werden kann. Beispielhaft zeigt uns die Geschichte von Martin Luther, wie unser Leben vor Gott recht wird. Der Reformator spürte: Auch wenn ich meine Sache recht gemacht habe, bin ich noch lange nicht gerecht vor Gott. Der eifrige Martin Luther merkte: Auch wenn ich mich rechtschaffen gemüht habe, bin ich vor Gott noch lange nicht gerecht.[52] Und wie viele ahnen heute: Auch wenn ich es recht machen will, bin ich noch nicht gerecht vor Gott. Paulus fasst es in die Worte: Sie sind alle Sünder. Wir sind alle sündige Menschen. Das stelle ich als ersten Hauptgedanken heraus:

Jeder Mensch ist ein Sünder

Hier stellt sich die Frage: Wie gehe ich mit meiner Sünde um? Wie verarbeite ich die Erkenntnis, dass kein Mensch fehlerlos ist? Meistens versuche ich, die Misere selbst wieder ins Lot zu bringen. Als Schuljunge habe auch ich diesen Weg beschritten. In den Schulpausen haben wir oft Fußball gespielt. Als wir mal wieder in einer kleinen Pause kickten, schoss ich daneben. Ich traf die Fensterscheibe, die klirrend zu Bruch ging. Da war klar: Das gibt zu Hause Ärger. Bevor ich etwas zu Hause erzählte, habe ich gespart. Weil ich mit Zeitungsaustragen gut verdiente, kam etwas zusammen. Als dann von der Schule die Rechnung kam, konnte ich den Schaden wiedergutmachen. Wie oft versuchen wir, unsere Fehler auszugleichen. Wenn ich meine Frau ungerecht

[52] Vgl. W. von Loewenich, Martin Luther, S. 69ff.

angefahren habe, lade ich zum Mittagessen ein und versuche die Stimmung wieder zu heben. Wenn der VFB Stuttgart einige Spiele verloren hat, dann setzen sie ihre Kraft ein, um mit einigen Siegen das Punktekonto wieder aufzubessern. Wir Menschen versuchen, unsere Fehler auszugleichen. Doch so leicht lässt sich die Sünde nicht aus der Welt schaffen. Die Sünde gleicht dem Fleck auf meinem weißen Hemd, der auch nach dem 100. Waschgang immer noch zu sehen ist. Und heute hat sich in unserer Gesellschaft etwas verändert. Früher wurde nur im Verborgenen gelogen, heute darf es fast jeder wissen. Früher sündigte man mit einem schlechten Gewissen, aber heute fehlt oft ein Bewusstsein für Recht und Unrecht. Die Biographie des Musikers Keith Richards zeigt die Veränderung in unserer Gesellschaft. Da bin auch ich gefragt: Sehe ich die Sünde noch als Sünde oder übersehe ich meine Fehler? Kann ich zu mir ehrlich sein oder übergehe ich meine dunkle Seite? Doch wer seine Schattenseite leugnet, der leidet unter ihr. Und bei der Sünde gilt es gründlich zu sein. Die Bibel versteht unter Sünde erst in zweiter Linie unsere sündigen Taten. Erst an zweiter Stelle geht es der Bibel um einzelne Tatsünden. Paulus spricht nur selten von vielen Sünden, sondern in der Einzahl. Er spricht von der Sünde. Was meint Paulus, wenn er von der Sünde spricht? Paulus versteht darunter das eigensinnige Lebensmuster. Er meint das eigensüchtige Denkmuster. Die Sünde des Menschen besteht darin, dass er selber Herr sein will. Der Mensch drängt Gott an den Rand. Der Mensch verdrängt den Schöpfer aus der Mitte des Lebens. Doch nun dreht er sich wie ein Karussell um die eigene Achse. Sein Denken behält den eigenen Vorteil stets im Blick. Der nur an sich denkende Mensch gleicht dem Ruderer, der nur ein Ruder benutzt. Der ichsüchtige Mensch dreht sich im Kreise. Auch der größte Eifer bringt ihn nicht vom Fleck. Die stärkste Anstrengung bringt ihn keinen Meter voran. Aus dem Sündersein entspringen alle Tatsünden. Nun aber gibt es eine Befreiung. Mein zweiter Hauptgedanke:

Die innere Befreiung

Im Bibeltext heißt es: „Nun aber ist ohne Zutun des Gesetzes die Gerechtigkeit, die vor Gott gilt, offenbart.“ Ohne Zutun läuft bei uns gewöhnlich nichts. Gewöhnlich muss sich ein Techniker anstrengen, damit er in eine leitende Position kommt. Sehr selten wird einem der Posten des Abteilungsleiters ohne eigenes Zutun angetragen. Gewöhnlich muss ein Student mit besonderen Leistungen auffallen, damit er ein Stipendium erhält. Sehr selten wird ihm ein Stipendium ohne eigenes Zutun angetragen. Aber bei Gott geht es nach dem Muster: ohne eigenes Zutun. Ohne eigenes Zutun bekommen wir eine weiße Weste. Ohne eigenes Zutun werden uns Menschen alle Sünden vergeben. Ohne eigenes Tun wird uns die Gerechtigkeit geschenkt.

Denn ein anderer hat sie für uns erworben. Es heißt im Bibeltext: „Sie werden ohne Verdienst gerecht aus seiner Gnade durch die Erlösung, die durch Christus Jesus geschehen ist. Den hat Gott für den Glauben hingestellt als Sühne in seinem Blut zum Erweis seiner Gerechtigkeit.“ Wenn die Bibel von Sühne redet, dann spricht sie von Gericht und Heil. Die Sünde des Menschen zieht das Gericht nach sich, und doch wird dieses Gericht ausgerechnet an dem einen Sündlosen vollzogen. Was ich verschuldet habe, hat Jesus Christus bezahlt. Nur in großen Ausnahmesituationen gibt es vergleichbare Vorkommnisse in unserer Alltagswelt. Da hat eine junge Familie sich ein neues Haus gebaut. Eigentlich sind die Tilgungsraten überschaubar, aber dann verliert die Ehefrau ihren Arbeitsplatz. Mit einem Mal reicht es kaum noch. Nach einer Reparatur für das Auto langt das Geld nicht mehr für die Ratenzahlung. Nach einem halben Jahr sieht die Bank rot. Die Zwangsversteigerung droht. Das Gericht naht. Doch nun sagt ihnen die vermögende Großtante: Ich schenke euch meinen fälligen Bausparvertrag. Ich schenke euch das Geld. Doch Gott schenkt uns nicht nur etwas, sondern er begleicht unsere ganze Schuld. An dieses Geschenk der Versöhnung sollen wir glauben. Mein 3. Hauptgedanke:

Der Glaube des Menschen

Martin Luther hat die Bibel sehr genau übersetzt. Wie viel Mühe er in die Bibelübersetzung verwandt hat, wird an wenigen Zahlen deutlich. Er hat auf der

Wartburg in zwölf Wochen das Neue Testament übersetzt und 1522 veröffentlicht.[53] Erst 1534 konnte er die ganze Bibel in deutscher Sprache herausgeben.[54] In seinen letzten zwölf Lebensjahren hat er mit einigen Experten in penibler Kleinarbeit jedes Wort geprüft. Fast jeden Morgen trafen sie sich zu viert von 10 bis 12 Uhr und haben nach Verbesserungen gesucht.[55] Da gab es keine unbedachten Fehler. Nur an einer einzigen Stelle des ganzen Neuen Testamentes hat Luther ein Wort eingefügt, um den Sinn klarer herauszustellen. An unserer Bibelstelle hat er das Wörtchen "allein" hinzugefügt, um die entscheidende Bedeutung des Glaubens zu unterstreichen. Es heißt: „So halten wir nun dafür, dass der Mensch gerecht wird ohne des Gesetzes Werke, allein durch den Glauben." Hier folgt Luther dem Kirchenvater Ambrosius, der meinte: „Sie sind ohne Verdienst gerechtfertigt, denn sie sind gerechtfertigt allein durch den Glauben. Es ist Gottes Gabe ohne eigenes Werk."[56]

Allein das Vertrauen auf Jesu Leistung befreit uns aus unserem inneren Gefängnis. Allein der Glaube an Jesu Versöhnung schenkt mir die Freiheit zu einem neuen Denken.

Denn wie gern zähle ich zusammen. Wie gern zähle ich auf, was ich kann. Wie gern erzähle ich, was ich geleistet habe. Paulus nennt dieses Zusammenzählen Rühmen. Und wie weit ist dieses Rühmen unter uns Menschen verbreitet. Doch Paulus sagt uns: Das Entscheidende hat ein anderer für euch geleistet. Martin Luther stimmt zu und sagt uns: Das Lebensentscheidende hat Christus für uns am Kreuz vollbracht. Ihn sollen wir rühmen. Seine selbstlose Liebe sollen wir preisen. Denn unser Heil kommt von ihm. Amen.

---

[53] Vgl. H. Bornkamm, Martin Luther, S. 50ff.
[54] G. Bott (Hg.), Katalog zur Ausstellung: Martin Luther und die Reformation in Deutschland, S. 275.
[55] Vgl. W. von Loewenich, Martin Luther, S. 349; G. Bott (Hg.), Katalog zur Ausstellung: Martin Luther und die Reformation in Deutschland, S. 281.
[56] Zitiert nach: M. Brecht/H. Ehmer (Hg.), Confessio Virtembergica, S. 51.

Auf Gottes Urteil kommt es an

1. Korinther 4, 1 - 5

Liebe Gemeinde!

Manche Christen beeindrucken mich. Manche unbedeutende Christenmenschen besitzen bei Gott eine große Bedeutung. Ich denke da beispielsweise an Anna Maria Bälz[57] Sie ist als jüngstes Kind eines Bäckers aufgewachsen. Mit drei Jahren erkrankte sie schwer. Als die Krankheit endlich überwunden war, blieb eine körperliche Behinderung zurück. Sie zog das rechte Bein nach. Und als sie fünf Jahre alt war, starb ihr Vater. Nun urteilten viele: Die kannst du vergessen. Bei der Arbeit kann man sie nur als halbe Portion zählen. Etwas Zählbares, ein Vermögen bringt sie auch keines mit. Hungerleider. Ähnlich sagten viele in Korinth: Den Paulus kannst du vergessen. Der predigt nur mangelhaft. Der kommt wegen jeder Kleinigkeit ins Stottern. Ständig ist er krank. Den Paulus kannst du vergessen. Der so beurteilte Paulus schrieb den Korinthern. Ich lese aus 1. Korinther 4 die Verse 1-5:

„Dafür halte uns jedermann: für Diener Christi und Haushalter über Gottes Geheimnisse. Nun fordert man nicht mehr von den Haushaltern, als dass sie für treu befunden werden. Mir aber ist's ein Geringes, dass ich von euch gerichtet werde oder von einem menschlichen Gericht; auch richte ich mich selbst nicht. Ich bin mir zwar nichts bewusst, aber darin bin ich nicht gerechtfertigt; der Herr ist's aber, der mich richtet. Darum richtet nicht vor der Zeit, bis der Herr kommt, der auch ans Licht bringen wird, was im Finstern verborgen ist, und wird das Trachten der Herzen offenbar machen. Dann wird einem jeden von Gott sein Lob zuteil werden.“

Liebe Gemeinde!

Noch eine starke Woche Schule, dann kommt der erste Ferientag. Noch eine und eine halbe Woche, dann können wir Weihnachten feiern. Ganz ähnlich sagte schon Johannes der Täufer: Noch eine kleine Weile, dann kommt der Erlöser. Am dritten

[57] Vgl. W. Raupp, Gelebter Glaube, S. 332ff.

Advent erinnern wir uns an Johannes den Täufer. Er rief zur Umkehr und zur Taufe auf. Er ermutigte uns, dass wir unser Verhältnis zu Gott erneuern und uns taufen lassen. So dichtete Jochen Klepper:[58]

„Ohne Gott bin ich ein Fisch am Strand,
ohne Gott ein Tropfen in der Glut.
Ohne Gott bin ich ein Gras im Sand
und ein Vogel, dessen Schwinge ruht.
Wenn mich Gott bei meinem Namen ruft,
bin ich Wasser, Feuer, Erde, und Luft.“

Bei der Taufe verbindet Gott seinen großen Namen mit uns kleinen Menschen. Mit Gott findest du Leben, auch wenn es schwer ist. Mit Gott findest du einen Halt. Darum sagt Johannes der Täufer: "Kehrt um und glaubt an das Evangelium." Ähnlich warb Paulus. Dabei war ihm dreierlei wichtig. Mein erster Hauptgedanke:

Wir stehen unter dem barmherzigen Urteil Gottes

Vor wenigen Monaten haben wir bei der Bundestagswahl die Arbeit der Bundesregierung beurteilt. Wir gaben mit dem Stimmzettel unser Urteil über ihre Arbeit ab. Die Fans des VFB Stuttgart haben ihr Urteil über den Teamchef Markus Babbel geäußert. Da gab es kein Erbarmen. Er musste gehen. Auch wir erteilen über einen Pfarrer unsere Beurteilung. Auch in Korinth wurden verschiedene Prediger beurteilt. Wir erfahren aus einigen Bemerkungen in den Korintherbriefen, dass Paulus von einigen eine schlechte Beurteilung erhielt. Vielen erschien Paulus zu klein und zu kränklich. Paulus fehlte eine besondere Begabung zur Predigt. Dazu kam eine schwierige Vergangenheit. Also für eine anspruchsvolle Gemeinde wie Korinth zu wenig. Für eine so große Aufgabe zu schwach. Der gelehrte Apollos und Petrus, der erste Mann aus dem Zwölferkreis, waren für sie richtig. Apollos kam aus Alexandria, dem Bildungszentrum Ägyptens. Dieser Mann konnte mit seinem Wissen und seiner Beredsamkeit viele Gebildete beeindrucken. Oder Petrus, der Vertraute Jesu, konnte

[58] Zitiert nach EG, S. 438.

aus eigener Erfahrung erzählen. Er hatte die erste Gemeinde in Jerusalem geleitet. Aber Paulus?! Da schweigt des Sängers Höflichkeit. Vielleicht kennt die eine oder der andere ähnliche Erfahrungen. Da möchte ein Abiturient in unserer erfolgreichen CVJM – Fußballmannschaft mitspielen, aber dann heißt es: „Du bist zu klein. Mit dir können wir keinen Blumentopf gewinnen." Da wollte ich im Kirchenchor mitsingen, aber da drohte die Kirchenchorleiterin: „Wenn du mitsingst, lege ich die Leitung nieder. Du bringst den ganzen Chor durcheinander." Vielleicht kennen auch Sie solche Beurteilungen. Und wie oft leiden wir unter den eigenen Urteilen. Wie viele haben ein negatives Urteil über sich selbst verinnerlicht, das ihnen schadet. Darum wirkt es wie eine Befreiung, wenn wir von überzogenen Ansprüchen an unser Leben Abschied nehmen. Ich darf ein schwacher Mensch sein. Ich darf traurig sein. Denn Jesus sagt: "Ihr werdet traurig sein, doch eure Traurigkeit soll in Freude verwandelt werden." Ich darf meine Trauer zulassen. Ich darf weinen über den Tod eines lieben Menschen. Dennoch darf ich mich auf Jesus und seine neue Welt verlassen. Ich darf schwach sein. Denn Jesus sagt dem Paulus: "Lass dir an meiner Gnade genügen - denn meine Kraft ist in den Schwachen mächtig." Ich darf ehrlich sein. Ich darf zu meinen Fehlern stehen. So schreibt Johannes: "Wenn wir sagen, wir haben keine Sünde, so betrügen wir uns selbst. Wenn wir aber unsre Sünden bekennen, so ist er treu und gerecht, dass er uns die Sünden vergibt." Weil Paulus aus der Vergebung Gottes lebt, findet er eine große Gelassenheit gegenüber dem Urteil der Menschen. Paulus lebt in der Gewissheit: Ich stehe unter dem barmherzigen Urteil Gottes. Und auf Gottes Beurteilung kommt es am Ende an. So kann Paulus seine Mitarbeit ohne überzogene Forderungen sehen. Es sind zwei Bilder, mit denen Paulus seine Mitarbeit beschreibt. Er schreibt: "Dafür halte uns jedermann: für Diener Christi und Haushalter über Gottes Geheimnisse." Mein zweiter Hauptgedanke:

Paulus versteht sich als Ruderknecht Gottes

Es gibt Berufstätigkeiten, die körperlich sehr anstrengend sind. Als Student habe ich bei einem Landschaftsgärtner meine Finanzen aufgebessert. Da habe ich manchmal einen halben Tag einen Hof gepflastert. Da hat schon am Mittag der Rücken geschmerzt. Wie froh war ich, als ich am Nachmittag etwas mit dem Auto ausfahren durfte. Auch in der Antike gab es schwere Arbeiten. Dazu gehörten die Ruderknechte auf den großen Schiffen. Durch manche Filme ist uns ihr schweres Los sicher vertraut. Doch genau mit einem solchen Ruderknecht vergleicht sich Paulus, wenn er sagt: „Dafür halte uns jedermann: für Diener Christi." Das Wort, das Paulus hier für Diener benutzt, hieß ursprünglich "Ruderknecht" und später auch Gehilfe oder Handlanger. Paulus sagt uns: Wir sind Handlanger Gottes. Wir stellen unsere Arbeitskraft in den Dienst Gottes. Ähnlich hat Anna Maria Bälz ihr Leben verstanden. Sie ist in einem Teilort von Weil im Schönbuch aufgewachsen. Da sie weniger arbeiten konnte als eine gesunde junge Frau, galt sie nicht viel. Doch sie verbitterte nicht durch die Zurücksetzung. Vielmehr schöpfte sie innere Kraft aus dem Glauben. Sie nahm sich Gottes Wort zu Herzen, das ihr versprach: "Kommet her zu mir alle, die ihr mühselig und beladen seid; ich will euch erquicken." Nach ihrer Konfirmation lief sie jeden Sonntag von Neuweiler nach Altdorf. Sie besuchte dort die Stunde. Wegen ihrer Gehbehinderung benötigte sie statt einer Stunde zwei Stunden. Doch hier fand sie die innere Kraft, ihr schweres Los zu ertragen. Hier konnte sie immer wieder neu den Blickwinkel Gottes erkennen, so dass sie mit neuem Mut an ihre Arbeit ging. Ihr tägliches Brot erarbeitete sie sich, indem sie der Mutter auf der kleinen Landwirtschaft wie eine Magd half. Später half sie im Haushalt ihrer beiden größeren Schwestern, die nach Weil im Schönbuch geheiratet hatten. Sie war und blieb Gehilfin. Nun gibt es einen großen Unterschied zwischen einem Handlanger bei uns und einem Gehilfen Christi. Ein Ruderknecht Christi weiß: Ich werde nicht mit der Peitsche angetrieben. Ein Ruderknecht Christi wird nicht mit Drohworten getrieben, sondern Jesus gibt dir sein Wort: „Kommet her zu mir alle, die ihr mühselig und beladen seid; ich will euch erquicken."

Ein Ruderknecht legt sich in die Riemen, aber das Steuer führt der Kapitän. Das Ziel bestimmt Gott. Ein Ruderknecht verrichtet seine Arbeit, er beachtet das Wort seines

Herrn und ist Teil einer großen Mannschaft. Ein einzelner Ruderknecht kann kein großes Schiff bewegen. Genauso kann Gottes Werk in dieser Welt nicht von Einzelnen erfüllt werden. Erst in der Gemeinschaft wird das Evangelium mit Leben erfüllt. Darum hat Paulus seine Arbeit nie allein getan. Er war immer mit einem Team unterwegs. Und das andere Bild:

Paulus lebt als Verwalter Gottes

Er schreibt: "Dafür halte uns jedermann: für Diener Christi und Haushalter über Gottes Geheimnisse. Nun fordert man nicht mehr von den Haushaltern, als dass sie für treu befunden werden." Ein Haushalter besitzt eine verantwortungsvolle Aufgabe. Er verwaltet das Eigentum eines anderen. Er arbeitet mit dem Vermögen eines anderen. Paulus versteht sich als Diener und als Haushalter. Mit beiden Bildern will er ergänzende Aspekte verdeutlichen. Auf der einen Seite soll unser Dienst ganz auf Christus bezogen sein. Im Hören auf sein Wort geschieht die Mitarbeit. Auf der anderen Seite stehen wir als Verwalter vor der Aufgabe, aktiv zu werden. Wie ein Unternehmer aktiv wird, sollen wir Gottes gute Nachricht weitergeben und weitersagen.

Wenn Gott unser Leben beurteilt, fragt er nicht nach dem Erfolg. Vielmehr urteilt er nach unserer Treue. "Du frommer und getreuer Knecht", so lobt Jesus die Menschen, die nach seinem Willen lebten. Das erinnert mich noch einmal an Anna Maria Bälz. Sie konnte keine großen Leistungen vorweisen. Ihre finanziellen Verhältnisse waren bescheiden, aber in Treue lebte sie ihren Glauben. Einige kamen durch ihr Vorbild ins Fragen. Ihr vorgelebter Glaube steckte an. Und alle, die in diesem Glauben leben, werden Gottes Lob erhalten. Amen.

Die Gewissheit des Glaubens prägt unser Leben

2. Korinther 5, 1 – 10

Liebe Gemeinde!

Zwei befreundete Bürgermeister treffen sich. Sagt der eine: Je länger ich in meinem Amt bin, umso mehr erkenne ich, dass die Menschen sehr wohl zwischen Gut und Böse unterscheiden können. „Gewiss“, antwortet sein Freund, „aber zuerst bei den anderen.“ Doch ich soll wissen: Der ewige Richter weiß, was gut und böse ist. Ich soll gewiss sein: Der wahre Richter urteilt über mein Leben. Vor dem ewigen Richter kann ich nichts verbergen. Darum schreibt uns Paulus in 2. Korinther 5. Ich lese die Verse 1-10:

„Denn wir wissen: wenn unser irdisches Haus, diese Hütte, abgebrochen wird, so haben wir einen Bau, von Gott erbaut, ein Haus, nicht mit Händen gemacht, das ewig ist im Himmel. Denn darum seufzen wir auch und sehnen uns danach, dass wir mit unserer Behausung, die vom Himmel ist, überkleidet werden, weil wir dann bekleidet und nicht nackt befunden werden. Denn solange wir in dieser Hütte sind, seufzen wir und sind beschwert, weil wir lieber nicht entkleidet, sondern überkleidet werden wollen, damit das Sterbliche verschlungen werde von dem Leben. Der uns aber dazu bereitet hat, das ist Gott, der uns als Unterpfand den Geist gegeben hat. So sind wir denn allezeit getrost und wissen: solange wir im Leibe wohnen, weilen wir fern von dem Herrn, denn wir wandeln im Glauben und nicht im Schauen. Wir sind aber getrost und haben vielmehr Lust, den Leib zu verlassen und daheim zu sein bei dem Herrn. Darum setzen wir auch unsre Ehre darein, ob wir daheim sind oder in der Fremde, dass wir ihm wohlgefallen. Denn wir müssen alle offenbar werden vor dem Richterstuhl Christi, damit jeder seinen Lohn empfange für das, was er getan hat bei Lebzeiten, es sei gut oder böse.“

Liebe Gemeinde!

Paulus redet unbekümmert von einem ewigen Leben im Himmel. Können wir auch so unbefangen von einer Auferstehung reden? Da entgegnet mir ein Gebildeter: Bei Goethe lese ich im Faust: "Nach drüben ist die Aussicht uns verrannt."[59] Bei Bertholt Brecht lese ich im Galilei: „Die Menschheit trägt in ihr Journal ein: Es gibt keinen Himmel mehr."[60] Bei Nietzsche lese ich im Zarathustra: "Glaubt denen nicht, die von überirdischen Hoffnungen reden."[61] Doch Paulus behauptet, wir wissen. Wir wissen etwas über das Leben nach dem Tode, auch wenn wir kleinere Geister sind als Goethe, Brecht und Nietzsche. Das erinnert mich an eine aktive Frau.[62] Sie besaß keine höhere Schulbildung. Dennoch wagte sie es, ein Buch zu schreiben. Darin stritt sie gegen die gängige Meinung, Gott sei eine Einbildung der ewig Gestrigen. Sie wagte es, den liberalen Theologen zu widersprechen. Sie trat ein für den Glauben an den lebendigen Gott, der über mein Leben richtet. In diesem Sinne sagt Paulus: Wir wissen etwas über das Jenseits. Vielleicht möchten Sie Paulus befragen: "Was wissen wir als Christen? Und woher nimmst du, lieber Paulus, diese Gewissheit so eindeutige Aussagen über die Ewigkeit zu machen?" In drei Hauptpunkten möchte ich die Antwort des Paulus untergliedern. Mein erster Hauptpunkt:

Als Christen wissen wir, wie wir dran sind

„Wir wissen: wenn unser irdisches Haus, diese Hütte, abgebrochen wird, ..." Paulus vergleicht unser Leben mit einer Hütte. Im griechischen Text ist nicht einmal von einer Hütte, sondern nur von einem Zelt die Rede. Unser Leben gleicht einem einfachen Zelt. Unsere Welt dürfen wir mit einem Campingplatz vergleichen, auf dem das Zelt unseres Lebens für eine begrenzte Zeit steht. Eines Tages wird das Zelt brüchig und geht in Brüche. Manches Zelt wird wie bei den Gefallenen der Weltkriege frühzeitig umgerissen oder gar zerrissen. Der eine wird von einer Kugel tödlich getroffen wie Schwedenkönig Gustav Adolf, und der andere hat Glück wie der preußische König Friedrich II. Die todbringende Kugel blieb bei ihm in der Schnupftabakdose stecken. Sie können diese einmalige Schnupftabakdose auf der

[59] J. W. Goethe, Faust II, 5. Akt.
[60] B. Brecht, Leben des Galilei, S. 28.
[61] Friedrich Nietzsche, Zarathustra, S. 48.

Burg Hohenzollern besichtigen. Doch ein Krieg bedeutet immer Tote. Unter dem Ehrgeiz eines machtbesessenen Wilhelm II, der meinte: „Pardon wird nicht gegeben. Gefangene werden nicht gemacht.“[63], und eines von Hass sowie vom schnellen Erfolg angetriebenen Adolf Hitler, mussten Millionen von Menschen sterben. Kriegsgefangene mussten oft schuften und hungern. Kriegsteilnehmer mussten Jahrzehnte unter ihren Verletzungen leiden. Kinder blieben als Halbwaise oder gar als Waise zurück. Der Tod kann grausam sein. Doch für uns alle gilt: Der Tod wird auch uns ereichen. Wer schon einmal ernsthaft krank war, kennt die Vorboten des Todes. Wir sollen in dem Wissen leben, dass wir alle einmal sterben. Es ist eine Tatsache, dass mein Leib wieder zu Erde wird. Und Paulus verschweigt nicht die Not, die durch den Tod von Angehörigen in unser Leben kommt. Paulus nennt den Tod unseren letzten Feind. Dieser letzte Feind ist zwar auf dem Rückzug, aber wir leiden noch unter den Wunden, die er uns schlägt. Wir leiden und viele weinen, wenn sie am Grab eines Angehörigen stehen. Im Bibeltext heißt es: „wir seufzen und sind beschwert.“ Da muss ich noch einmal an jene mutige Frau denken, die es wagte, den Gebildeten zu widersprechen. Als sie acht Jahre war, starb ihr Vater. Wie viel Leid musste sie durchstehen! Dennoch wuchs in ihr das Vertrauen auf Gott.

Liebe Gemeinde! Das Wissen um den Tod soll uns nachdenklich stimmen. Das Wissen um unseren Tod soll in jedem von uns die Frage wachrufen: Wohin gehe ich? Paulus will uns die befreiende Einsicht vermitteln, damit wir die gute Aussicht auf Gottes neue Welt im Blick behalten. Er sagt uns: „Wir wissen: wenn unser irdisches Haus, dieses Wanderzelt, abgebrochen wird, so haben wir einen Bau, von Gott erbaut, ein Haus, nicht mit Händen gemacht, das ewig ist im Himmel.“ Mein zweiter Hauptgedanke:

Als Christen wissen wir, wohin wir gehen

Paulus weiß Hoffnungsvolles über ein Leben bei Gott. Das letzte Wort in Sachen Tod ist nicht der traurige Auszug aus dem vergänglichen Zelt, sondern der Einzug in

---

[62] Vgl. Erika Stöffler (Hg.), Initiativen, S. 24ff.
[63] Aus der sogenannten Hunnenrede vom 27.7. 1900.

Gottes wunderbaren Neubau. Frühere Theologen nannten in ihrer Glaubenslehre den Abschnitt über Tod und ewiges Leben „De Novissimis", zu Deutsch: Über die neuesten Dinge.[64] Das wirklich neue, das ewige Leben finden wir bei Gott. Paulus behauptet: „Wir wissen.“ Woher kann Paulus etwas über ein Leben nach dem Tode wissen? Vielen erscheint verständlicher und vernünftiger, was Goethe sagte: „Nach drüben ist uns die Aussicht verrannt."

Wie kommt Paulus zu seinem Wissen? Paulus weiß es von Jesus Christus! Auch wir beziehen unser Wissen über Gott von Jesus Christus. Er kam von Gott. Von Jesus heißt es: "Das Wort ward Fleisch und wohnte unter uns." Auch hier heißt es im Urtext: Das Wort ward Fleisch und zeltete unter uns. Jesus kam auf unsere vergängliche Welt. Er hat alle Schwierigkeiten wie ein Mensch auf sich genommen. Wir wissen, dass an Karfreitag das Zelt seines Lebens auf grausame Weise abgerissen wurde. Aber wir wissen weiter, dass am Ostermorgen Gott das Zerbrochene aufgerichtet hat. Gott hat seinen Sohn von den Toten auferweckt.

Dieser Jesus Christus hat uns von Gott erzählt. Darum kann Paulus sagen: „Wir wissen.“ Doch heute gehen viele her und wollen von Jesus nicht viel wissen. Sie gleichen dem Bauherrn, der ohne Architekt und Statiker sein Haus bauen wollte. Mit Feuereifer legte er los. Doch als er zum ersten Stock kam, gab das Fundament nach. Der Untergrund gab nach. Es blieb ihm nicht anders übrig, als ein zweites Mal zu beginnen. Nun hat er heute einen gut betonierten Holzplatz neben seinem Haus. Wer seine Hoffnung auf die Ewigkeit selbst zusammenbasteln will, wird einen noch größeren Schaden haben. Wer hier ein paar Gedanken von Jesus aufnimmt, dort ein paar Lehren aus dem Hinduismus, und sie mit ein paar Vorstellungen aus der Philosophie garniert, kann sich als gebildeter Mensch beweisen. Doch wer kann die Richtigkeit dieser Weltanschauung erweisen? Wer sich seine Religion selbst zusammenbastelt, muss sich eines Tages vor Gott verantworten. Damit ich mich vor Gott verantworten kann, will ich mich heute von Jesus belehren lassen. Er sagt uns:

[64] Vgl. F. Mildenberger, Grundwissen der Dogmatik, S. 226ff.

„Ich bin die Auferstehung und das Leben. Wer an mich glaubt, der wird leben, auch wenn er stirbt.“ Ihm möchte ich vertrauen. Denn von Jesus wissen wir, wie wir trotz unserer Schuld vor Gott bestehen. Dieses Wissen unterscheidet sich von einem Faktenwissen, das wir in der Schule lernen. Das biblische Wissen schenkt uns Gewissheit. Gewissheit, die uns auch in der Not des Todes neue Kraft eröffnet. So bekennt Paulus im Römer 8: „Ich bin gewiss, dass weder Tod noch Leben, weder Engel noch Mächte noch Gewalten, weder Gegenwärtiges noch Zukünftiges uns scheiden kann von der Liebe Gottes.“ Diese Gewissheit befreit zum Leben. Diese Gewissheit verändert schon heute unser Handeln. Mein dritter Hauptgedanke:

Als Christen wissen wir, was heute zu tun ist

Paulus sagt: „Wir wandeln im Glauben und nicht im Schauen.“ Wir sind unterwegs und setzen unsere Kraft ein. Diesen Lebensstil hat uns die dynamische Frau vorgelebt, die früh ihren Vater verlor. Jahrelang warb sie dafür, dass in Württemberg eine qualifizierte Ausbildungsstätte für Erzieherinnen eingerichtet wird. Selbst bei kirchenleitender Stelle hieß es: „Wir haben kein Geld.“ Doch dann gelang Wilhelmine Canz mit Hilfe des Pfarrers von Großheppach der Beginn. Unter der Leitung von Wilhelmine Canz entwickelte sich diese Ausbildungsstätte für Erzieherinnen zu einer gefragten Adresse. Noch heute blüht die Einrichtung in Beutelsbach. Wilhelmine Canz lebte uns vor, dass der Mittelpunkt unseres Lebens nicht in Wohlstand liegt. Der Hauptpunkt unseres Lebens liegt im Glauben an Jesus. Christen verhalten sich in dieser Welt nicht wie auf einer Urlaubsreise, sondern wie auf einer Dienstreise. Sie tragen Gottes Liebe weiter. Wir sollen die Hoffnung des Evangeliums weitergeben. Amen.

Lasst uns lieben, denn er hat uns zuerst geliebt

1. Thessalonicher 4, 1 – 8

Liebe Gemeinde!

Eva besucht ihre Freundin Anna. Erstaunt mustert sie Annas Bücherregal. Sie liest die Titel: „Der neue große Knigge, Gutes Benehmen, 300 Fragen zum guten Benehmen". „Alle Achtung", lobt Eva, „zwölf Bücher zum korrekten Verhalten - das ist eine ordentliche Sammlung. Da hast du richtig Geld investiert." „Dafür habe ich keinen Cent ausgegeben. Ich übernachte manchmal bei meiner Tante. Danach ist sie so gestresst, dass sie mir ein solches Buch schenkt." Auch Gott will unser Verhalten zum Guten ändern. Wir hören auf Verse aus 1. Thessalonicher 4. Ich lese ab Vers 1: „Weiter, liebe Brüder, bitten und ermahnen wir euch in dem Herrn Jesus, da ihr von uns empfangen habt, wie ihr leben sollt, um Gott zu gefallen, was ihr ja auch tut, dass ihr darin immer vollkommener werdet. Denn ihr wisst, welche Gebote wir euch gegeben haben durch den Herrn Jesus. Denn das ist der Wille Gottes, eure Heiligung, dass ihr meidet die Unzucht und ein jeder von euch seine eigene Frau zu gewinnen suche in Heiligkeit und Ehrerbietung, nicht in gieriger Lust wie die Heiden, die von Gott nichts wissen. Niemand gehe zu weit und übervorteile seinen Bruder im Handel; denn der Herr ist ein Richter über das alles, wie wir euch schon früher gesagt und bezeugt haben. Denn Gott hat uns nicht berufen zur Unreinheit, sondern zur Heiligung. Wer das nun verachtet, der verachtet nicht Menschen, sondern Gott, der seinen heiligen Geist in euch gibt."

Liebe Gemeinde!

Eine Führungskraft in der Wirtschaft gibt Anweisungen. Die Weisung muss ausgeführt werden. Eine führende Persönlichkeit der Feuerwehr gibt Anordnungen. Der Feuerwehrkommandant erteilt Befehle, die umgesetzt werden müssen. Doch Paulus sagt: „Wir bitten und ermahnen." Auch bei uns bittet und mahnt die Leitung in der ehrenamtlichen Jugendarbeit. Die Leitung erbittet und ermahnt zur Mitarbeit, aber freiwillig Mitarbeitenden kann sie nur bedingt Befehle erteilen. Die Gemeindeleitung steckt einen Freiraum ab, den die Mitarbeitenden gestalten sollen. Nur - das Resultat besitzt gelegentlich Mängel. Auch ich habe Mängel. Nach der Grundschule hieß es: Rechnen gut, aber in Deutsch ein hoffnungsloser Fall. Hauptschule. Nach der 5. Klasse wagte ich eine Prüfung für das Gymnasium und habe sie bestanden. Da urteilte mein Englischlehrer: „Hoffnungslos! In ein paar Monaten bist du wieder auf der Hauptschule." Da behauptete ein Arzt: „Aus so einem schäbigen Kind kann man nichts machen."[65] Hoffnungslos. Ein solches Urteil schmerzt. Doch wenn der Mensch am Ende ist, weiß Gott immer noch einen Rat. Da will der Bildhauer Agostino di Duccio aus einem Marmorblock eine biblische Gestalt anfertigen, aber das Werk missrät. Hoffnungslos. Unnütz liegt er im Weg. Ein zweiter Bildhauer, Antonio Rosselini, wagt sich an die Arbeit, aber auch diesmal misslingt es. Unförmig und nutzlos liegt der Marmorstein herum. Vielleicht haben Sie manchmal das Gefühl: Mein Leben gleicht einem solchen Stein. Es ist vieles misslungen. Die negativen Beurteilungen drücken uns weiter hinunter. Wir aber sollen, wie Willi Rudolf es in seinem Buch beschreibt, zu Gott beten, die Hoffnung bewahren und mit all unserer Kraft friedlich kämpfen.[66] Denn Paulus sagt uns: „Das ist der Wille Gottes, eure Heiligung, dass ihr meidet die Unzucht und ein jeder von euch seine eigene Frau zu gewinnen suche in Heiligkeit und Ehrerbietung." Doch die Wirklichkeit sieht heute anders aus:

Die Zahl der Eheschließungen nimmt ab, und dennoch steigen die Ehescheidungen. Immer mehr Ehen gehen in die Brüche. Ein Grund für das Scheitern vieler Ehen sehe ich in den vielen Ansprüchen. Im Beruf erwartet die Firma höchsten Einsatz. In der Freizeit warten eigene Wünsche und Erwartungen der Kinder. Die Ehe bleibt oft auf der Strecke. In den vielen Anforderungen entfremden sich die beiden. Brisant wird die Sache, wenn die eigene Ehe betroffen oder ich in der eigenen Verwandtschaft mit betroffen bin. Und mir fällt auf, welch hohe Erwartungen viele an ihren Ehepartner

---

[65] W. Rudolf, Geht nicht, gibt´s nicht, S. 23.
[66] W. Rudolf, Geht nicht, gibt´s nicht, S. 91.

stellen. Ich überlaste meine Ehepartnerin, wenn ich erwarte, dass sie mich glücklich macht. Dazu mein 1. Hauptgedanke:

Die Begierde verdirbt die gute Gabe Gottes

Die Ehe kann unser Leben bereichern und belasten. Paulus sagt uns: „Das ist der Wille Gottes, eure Heiligung." Was heißt nun heilig leben im Blick auf die Beziehung von Mann und Frau? Paulus sagt kurz und bündig: "Meidet die Unzucht." Das griechische Wort, das hier für Unzucht steht, heißt porneia. Ganz ähnlich sprechen wir von Porno. Leider ist der Pornomarkt gefragt. Leider sind selbst Priester Kunden von kinderpornographischem Material. Leider wird die Sexualität heute überschätzt. Mit der Leidenschaft wird Kindern und Frauen großes Leid angetan. Bitte keine Missverständnisse. Ich schätze die Liebesbeziehung zwischen Mann und Frau. Die Bibel spricht in großen Worten von der menschlichen Liebe. Doch der Maler Marc Chagall spürte auch die negative Kraft. Wenn er sich oft selbst mit einem Tierkopf darstellt, deutet er die triebhaften Kräfte an, die er in sich spürt. Das Liebesleben eines Jörg Kachelmann oder einer Nadja Benaissa sprechen Bände. Und die Statistik belehrt uns: Von 1999 bis 2009 ist die jährliche Zahl der HIV – Neuinfektionen von 1700 auf 2800 gestiegen. Die lockere Moral bringt viel Leid mit sich. Doch die Gemeinschaft der Liebe beschränkt sich nicht auf die Sexualität. Vielmehr gehört eine wirkliche Begegnung, eine wahrhaftige Ich-Du-Beziehung zu einer Gemeinschaft der Liebe. Die Sexualität gleicht dabei der Sahne auf dem Kuchen. Unzucht - Porno - löst die eine Seite aus der Ganzheit der Liebesgemeinschaft heraus. Unzucht - Porno - meint die Geschlechtsbeziehung, die keine Verantwortung für den anderen übernehmen und keine Bindung eingehen will. Diese Selbstsucht wirkt zerstörerisch und setzt den andern zum Konsumgut herab. Der Logotherapeut Viktor Frankl weiß: Nur wer Verantwortung übernimmt, findet den guten Weg![67] Darum mein 2. Hauptgedanke:

[67] Vgl. V. Frankl, Ärztliche Seelsorge, S. 22; E. Lukas, Lehrbuch der Logotherapie, S. 61.

Den anderen als Gabe Gottes achten

Paulus schreibt: "Ein jeder von euch soll seine eigene Frau zu gewinnen suchen in Heiligkeit und Ehrerbietung, nicht in gieriger Lust wie die Heiden, die von Gott nichts wissen." Vielleicht haben Sie vorhin bei sich gedacht: Was für ein Bild hat unser Pfarrer von seiner Gemeinde? Wer von uns schaut Filme mit lockerer Moral an? Wer von uns kauft Pornohefte? Doch selbst David, obwohl er ein glaubender Mensch war, verwechselte Sexualität mit Liebe. Er nahm sich die Bathseba, obwohl sie verheiratet war. Hier steht auch der Ehealltag auf dem Prüfstand. Die Selbstsucht, die nur nach der Befriedigung des eigenen sexuellen Bedürfnisses trachtet, bedroht die Ehe. Dem anderen in Ehrerbietung begegnen, heißt: auch in der Ehe Rücksicht nehmen. Ich soll meiner Frau mit Ehrerbietung, mit Achtung begegnen. Damit spricht Paulus umfassend unser Leben an. Das bedeutet für mich, dass ich meine Frau mit ihrer ganz anderen Prägung ernst nehme. Meine Frau erlebt manche Situationen ganz anders als ich. Manchmal nimmt sie gefühlsmäßig die Atmosphäre treffend wahr, wo ich noch lange im Fragen bin. Ein anderes Mal kann meine Frau mir Lebensaspekte zeigen, die ich völlig übersehen habe. Sie wird mir zu einem Gegenüber, so dass ich die Welt aus einem neuen Blickwinkel betrachte. Die Erfahrung, vom anderen Neues zu lernen, stärkt die Achtung voreinander und die Liebe zueinander. Als ich das Buch von Willi Rudolf las, ist mir aufgefallen, wie oft er sich beraten ließ. Er hat sich bei vielen aus unserer Gemeinde Hilfe geholt und sie dankbar befolgt. Das dürfen wir uns zum Vorbild nehmen.

Vielleicht denken Sie: Was soll diese Moralpredigt? Was hat das mit dem christlichen Glauben zu tun? Wenn ich ehrlich bin, muss ich zugeben: Ich werde an meinen Mitmenschen und an meiner Frau schuldig. Ich habe meine Fehler. Auch meine Frau leidet unter ihren Schwächen. Der eine lässt seine Schuhe im Flur stehen. Die andere hört bei sachlichen Mitteilungen manchmal einen Vorwurf heraus.[68] Ob durch Missverständnisse oder Fehlverhalten, wir Menschen werden schuldig. Ich

---

[68] Vgl. F. Schulz von Thun, Miteinander reden I, S. 25ff.

brauche die Vergebung. Mein dritter Hauptgedanke:

Die Liebe wird durch Vergebung erneuert

Da wir als Menschen untereinander schuldig werden, kann es nur zwei Möglichkeiten geben. Die eine erleben wir oft: Die alten Fehler werden nachgetragen. Alte Geschichten werden bei Gelegenheit neu aufgetischt und aufgerechnet. Dadurch wird die Liebe zerstört. Da beginnt es fröhlich, aber mit der Zeit erlahmt die Zuneigung. Doch die Gegenwart kann von der Last der Vergangenheit befreit werden. Die Schuld wurde zwar begangen, aber sie ist vergangen, weil sie vergeben wurde. Vielleicht möchten Sie erwidern: Vergeben kann ich schon, aber nicht vergessen. Manchmal geht mir das ähnlich. In solchen Situationen möchte ich lernen: Wie Gott mir vergibt, so vergibt er meinem Nächsten. Wer sich an seine eigenen schwachen Stunden erinnert, findet Barmherzigkeit für seinen Nächsten. Das fällt mir oft schwer, und manchmal brauche ich zuerst Abstand, aber die Versöhnung befreit mich. Liebe Gemeinde! Weil Gott mir seine Vergebung schenkt, möchte ich die Vergebung wagen und meiner Frau sagen: Du bist für mich eine wertvolle Gabe Gottes. Die Vergebung verändert uns innerlich. Die beste Erziehung kann uns einige äußere Regeln einprägen. Die beste Kinderstube kann uns Verhaltensregeln eintrichtern, aber die Vergebung wird uns im Innern zum Guten ändern. Da kann mit uns ein ähnliches Wunder geschehen wie bei dem Marmorstein, der gleich von zwei Künstlern ohne Erfolg behauen wurde. Als Michelangelo den scheinbar hoffnungslosen Stein sah, legte er das Maßband an. Der erfahrene Bildhauer konnte daraus den weltberühmten David schaffen. Heute noch bestaunen viele Touristen in Florenz das Kunstwerk, das Michelangelo aus dem scheinbar verpfuschten Stein geschaffen hat.[69] Auch aus einem hoffnungslosen Fall wie mir schafft Gott durch die verändernde Kraft der Vergebung sein Werk. Die Vergebung setzt das Werk der Heiligung in Gang. Der Heilige Geist wirkt innere Heilung. Der Heilige Geist bewirkt eine innere Veränderung. Weil Gott sich mit uns versöhnt, können wir uns untereinander

[69] Vgl. H. Koch, Michelangelo, S. 56.

vergeben und aufeinander zugehen. Amen.

Gottes Geist tröstet und verändert unser Leben

2. Timotheus 1, 7 – 10

Liebe Gemeinde!

Es gibt Christenmenschen, die mit ihrem Leben einen Bibeltext lebendig werden lassen. Es gibt Christen, die mit ihrem Leben die biblische Botschaft bestätigen. Es gilt heute die Aufmerksamkeit auf eine bemerkenswerte Christin zu richten, die mit Vornamen Charlotte hieß.[70] Sie wuchs in Kemnat auf. Weil die Mutter unter einer angeschlagenen Gesundheit litt, übernahm sie früh Verantwortung. Als Konfirmandin wurde ihr Interesse für den Glauben geweckt. Sie spürte zum ersten Mal die Kraft des Glaubens. Als Jugendliche besuchte sie den Gottesdienst. Doch dann wurde anderes wichtiger. Die Kirche verlor an Bedeutung. Sie heiratete früh einen wohlhabenden Kaufmann. Ihnen wurden fünf Kinder geschenkt. In Stuttgart erzog sie die Kinderschar und begleitete sie in ihrer Entwicklung. Mit fast fünfzig Jahren begann sie einen neuen Weg. Mit fast fünfzig Jahren, wenn viele im Berufsleben kaum eine Chance sehen, trat sie in die Berufswelt ein. Sie wurde selbst aktiv und veränderte in der Kraft des Heiligen Geistes ihre Umwelt. Sie engagierte sich, damit vielen geholfen wird. Zu einem ganz ähnlichen Verhalten ruft uns der Predigttext für den heutigen Sonntag auf. Ich lese aus dem 2. Timotheusbrief Kapitel 1 die Verse 7 – 10: „Denn Gott hat uns nicht gegeben den Geist der Furcht, sondern der Kraft und der Liebe und der Besonnenheit. Darum schäme dich nicht des Zeugnisses von unserm Herrn noch meiner, der ich sein Gefangener bin, sondern leide mit mir für das Evangelium in der Kraft Gottes.

Er hat uns selig gemacht und berufen mit einem heiligen Ruf, nicht nach unsern Werken, sondern nach seinem Ratschluss und nach der Gnade, die uns gegeben ist in Christus Jesus vor der Welt, jetzt aber offenbart ist durch die Erscheinung unseres Heilands Christus Jesus, der dem Tode die Macht genommen und das Leben und ein

[70] Vgl. Erika Stöffler (Hg.), Initiativen, S. 34ff.

unvergängliches Wesen ans Licht gebracht hat durch das Evangelium."
Liebe Gemeinde!
Im Neuen Testament steht am Anfang immer ein Geschenk. Der Glaube lebt davon, dass uns etwas geschenkt, gegeben wurde. Was ist uns gegeben? Der Bibeltext antwortet uns: „Gott hat uns nicht gegeben den Geist der Furcht, sondern der Kraft und der Liebe und der Besonnenheit."
Gott hat uns den Geist gegeben. Gott hat uns seinen guten Geist, den Heiligen Geist geschenkt. Das verändert uns. Das ändert unsere innere Einstellung. Woran kann ich die Veränderung erkennen? Wes Geistes Kind ich bin, zeigt sich nicht an meinem Reden, sondern an meinem Leben und an meiner Lebensführung. Denn nicht die Furcht, sondern die Gottesfurcht ist ein Wirken des Heiligen Geistes. Die Furcht lähmt. Die Menschenfurcht wirkt wie Blei in den Gliedern. Viele kennen heute die Furcht vor dem Verlust des Arbeitsplatzes, und so schieben sie größere Anschaffungen auf. Viele bekennen ihre Furcht vor dem sozialen Abstieg. Auch wir müssen erkennen: Die gesellschaftlichen Rahmenbedingungen haben sich verändert. Wir müssen uns den neuen Grundbedingungen stellen. Doch nun soll uns nicht die Furcht bestimmen, sondern der Heilige Geist. Und er verändert unsere innere Einstellung. Im Inneren beginnt das Neue, indem einzelne neu auf Gott vertrauen und auf sein Wort bauen.
Da heißt es zwar in Verlautbarungen der Kirchenleitung: „Wir befürchten ein Zurückgehen der Kirchensteuern. Wir fürchten, dass die gegenwärtige Arbeit bald nicht mehr bezahlt werden kann." Auf der anderen Seite entdecken viele Kirchengemeinden, dass sie einen Diakon oder eine andere Personalstelle mit einer Stiftung einrichten oder sichern können. Schon vor fast 500 Jahren hat man in einigen finanzstarken freien Reichsstädten eine Stelle für einen Prädikanten mit Hilfe einer Stiftung eingerichtet. In Reutlingen wurde Matthäus Alber auf diese Stelle berufen, und er hat wie viele andere für die Gedanken der Reformation geworben.[71] Damals

[71] Vgl. M. Brecht/H. Ehmer, Südwestdeutsche Reformationsgeschichte, S. 64ff.

wie heute heißt es: Entdecke die Möglichkeiten. Denn Gott hat uns nicht gegeben den Geist der Furcht, sondern der Kraft und der Liebe und der Besonnenheit.
Da heißt es manchmal: Wir befürchten, dass die Kirche ausstirbt. Wir fürchten, dass die Jugendlichen aus den Kirchengemeinden verschwinden. Doch dann begeistern die Jugendgottesdienste, und viele finden in einem Jugendkreis einen neuen befreienden Geist, der sich vom Leistungsdruck in der Schule angenehm abhebt. Da heißt es auch für uns: Entdecke die Möglichkeiten. Denn Gott hat uns nicht gegeben den Geist der Furcht, sondern der Kraft und der Liebe und der Besonnenheit. Dazu drei Gedanken.
Der erste Hauptgedanke lautet:

Entdecke die Möglichkeiten, denn Gott schenkt den Geist der Kraft und der Liebe

Wie oft sind wir Kinder unserer Zeit, die sich von dem Blickwinkel der Medien anstecken lassen? Wie oft ist mein Blick gefangen in dem Negativen? Doch wer nur die Probleme herausstellt, schürt die Ängste. Wer nur die Schwachpunkte heraushebt, verstärkt die Furcht. Wir sollen dagegen uns von dem Geist der Gottesfurcht bewegen lassen, der sich durch die Kraft der Liebe und der Besonnenheit auszeichnet. Das erinnert mich an jene Charlotte, die als Mutter und Hausfrau die vielen Aufgaben ihres Alltags meisterte. Einige Jahre lebte sie gut und begütert. Jahrelang bedeutete ihr die Kirche wenig. Doch dann stirbt eines ihrer Kinder. Der Schmerzt trifft sie tief. Sie sucht im Gottesdienst nach Trost. Und sie findet durch die Predigt zu einem persönlichen Glauben. Sie erlebt, dass Gott zu uns spricht und uns auch im finsteren Tal sein Nahesein verspricht. Nun schloss sie sich der Gemeinschaft in Stuttgart an. Nun fand sie Menschen, die sie ermutigten. Aber es gab auch Widerspruch. Ihr Mann war mit dem vielen Kirchenspringen nicht einverstanden. Ihr Ehemann weigerte sich, mit in die Kirche zu gehen. Der Ehestreit steigerte sich, so dass der Ehemann nach Amerika auswanderte. Aber Gott hat ihre Gebete erhört. Gott hat geholfen, und so fand in Amerika ihr Ehemann ebenfalls zum persönlichen Glauben. Gemeinsam setzten sie sich nun ein und förderten mit ihrem Geld viele christliche Werke. Doch eines lag der Charlotte besonders am Herzen. Sie spricht mit dem Prälat von Stuttgart, um ein Krankenhaus aufzubauen. Doch der geschätzte Seelsorger und Prediger wollte zuerst auf ihren Vorschlag nicht eingehen. Nur wenn Gott am Werk ist, kann auch ein Prälat Kapff höchstens eine Hürde, aber kein unüberwindliches Hindernis sein. Wenn Gott am Werk ist, findet der Geist der Kraft und der Liebe eine gute Lösung. Wenn Gott den Weg ebnet, dann findet er trotz Schwierigkeiten einen Ausweg. An dem Beispiel sehen wir, der Geist Gottes behält den langen Atem. Wir dürfen einsehen, der Heilige Geist weiß um die Kraft der vielen kleinen Schritte. Wir dürfen verstehen, dass der gute Geist Gottes aus Liebe zu den Menschen tätig wird. Dabei geht er weise und besonnen vor. Mein zweiter Hauptgedanke:

Entdecke die Möglichkeiten, denn Gott schenkt den Geist der Besonnenheit

Zur Besonnenheit gehören Entscheidungen. Viele Menschen schieben notwendige Entscheidungen vor sich her. Viele wollen sich nicht entscheiden, und so bleiben sie untätig. Wir dürfen lernen, dass eine begründete Entscheidung einem Startschuss gleicht. Ein mit guten Gründen gefasster Beschluss wirkt wie der Beginn vieler zielgerichteter Aktivitäten. Auch bei der Gründung des Diakonissenkrankenhauses in Stuttgart stand am Anfang eine klare Entscheidung. Danach ging jene Charlotte sehr besonnen vor. Zuerst informierte sie sich über die Arbeit von Ehepaar Fliedner in Kaiserswerth. Von diesem positiven Vorbild lernte sie viel. Danach schickten sie noch vor der Gründung eine hoffnungsvolle Bewerberin zur Ausbildung, damit sie mit einer geschulten Kraft als Oberin beginnen konnten. Nur mit einer gründlich ausgebildeten Persönlichkeit wollten sie das Werk beginnen. Mit der leistungsstarken Leitungskraft konnten die Schwierigkeiten der Anfangszeit gemeistert werden. Da sehen wir: Neben Glauben und Liebe benötigen wir Besonnenheit.

Auch bei unserem Gemeindefest war es nötig, mit Besonnenheit die vielen Vorbereitungen zu treffen. Darum danken wir dem Vorbereitungsteam für die vielfältige und besonnene Arbeit. Wir danken für alle Mühe und die klar strukturierten Angebote. Wir danken, dass durch viele Begegnungen auch unsere

Gemeinde miteinander ins Gespräch kommt. Mein dritter Hauptgedanke:

Entdecke die Möglichkeiten, denn Jesus Christus hat dem Tod die Macht genommen

Wenn wir heute ein Fest feiern, dürfen wir die Schattenseiten der Wirklichkeit nicht verdrängen. Zum wirklichen Leben gehört die Macht des Todes. Bei dem plötzlichen Tod unserer Tochter erfuhren wir die Macht des Todes. Sie schmerzt. Jäh sind viele Hoffnungen zerbrochen. Doch die Macht des Todes bleibt begrenzt. Der Bibeltext sagt uns: „Jesus Christus hat dem Tode die Macht genommen." Ich würde am liebsten formulieren: Jesus Christus hat dem Tode seine endgültige Macht genommen. Denn eine gewisse Macht ist dem Tode geblieben. Der Tod kann uns einen lieben Menschen rauben. Der Tod kann uns das Leben auf Erden nehmen. Aber das ewige Leben finden wir bei Christus. Er spricht das letzte Wort. Auf das letzte, entscheidende Wort kommt es an. Die Hoffnung auf das neue Leben bei Gott soll schon heute unser Denken bestimmen. Die belebende Kraft der Auferstehung will uns heute ermutigen. Charlotte Reihlen, die Gründerin des Diakonissen-Krankenhauses in Stuttgart, hat ihre Hoffnung auf den Auferstandenen gesetzt. Charlotte Reihlen hat erlebt: Die Hoffnung der Auferstehung gibt mir mitten in meinen Problemen neue Lebenskraft. Und die Hoffnung der Auferstehung schenkt dem Leben ein großartiges Ziel. Amen.

Bildnachweis

S. 9: VG Bild – Kunst, Bonn 2011.

S. 47: Hamburger Kunsthalle.

Printed by Books on Demand GmbH, Norderstedt / Germany